가 정 예 배

Korean Family Devotions

가 정 예 배

Korean Family Devotions

박 승 호 : **Andrew Sungho Park**

조 인 균 : **Brandon Cho**

이 경 식 : **Kyungsig Samuel Lee**

오 혜 식 : **Heisik Oh**

UPPER ROOM BOOKS
NASHVILLE

Korean Family Devotions

Cover Design: Cindy Helms
Cover Photograph: © Tony Stone Worldwide
First Printing: January 1995 (3)
Library of Congress Catalog Number: 94-60660
ISBN: 0-8358-0712-6

Printed in the United States of America

목 차

Contents

머 리 말

많은 한인 이민자들이 미국에 와서 열심히 일하면서 자녀들에게도 더 밝은 장래를 보장해 주면서 보람된 삶을 살고 있습니다. 재주많은 우리 자녀들은 여러 종류의 교육기관에서 열심히 공부하므로써 참으로 밝은 장래를 경험하고 있습니다. 그러나 교육문제 이상으로 우리 자녀들은 신앙이 잘 자라야 합니다. 자녀들에게 믿음을 심어주는 하나의 방법이 가정예배입니다.

가정예배는 부모들로 하여금 자녀들과 신앙문제에 관해서 서로 대화하게 합니다. 이러한 가족제도는 아담과 헤와 때부터 하나님의 축복으로 이루어졌습니다. : "하나님이 그들에게 복을 주시며 그들에게 이르시되 생육하고 번성하여 땅에 충만하라, 땅을 정복하라"(창 1 : 28). 그래서 가정은 그리스도의 사랑과 평화로운 삶의 장소이므로 영적인 성장이 행해지는 곳입니다. 우리는 매 주일 교회에 가서 하나님의 말씀을 듣습니다. 그러나 그것으로 충분하지 않습니다. 우리들의 자녀들을 잘 양육하기 위해서는 가정예배를 드려야 합니다. 우리는 자녀들의 신앙교육에 대해서는 의도적이여야 합니다.

이 가정예배서는 영적으로 여러분 가정에 큰 도움이 될 것입니다. 이 가정예배서는 부모님과 자녀들이 한자리에서 함께 가정예배를 드릴 수 있도록 한국어와 영어로 쓰여졌습니다. 이 명상말씀에 사용된 모든 찬송들은 한영찬송가에서 뽑았습니다. 이중언어로 정성껏 집필해주신 박승호목사님, 조인규목사님, 그리고 이경식목사님께 진심으로 감사를 드립니다. 이 가정예배를 통해서 온 가족이 함께 축복받는 삶 사시기를 간절히 축원합니다.

한국어편집자 오 혜 식 목사

Preface

Many Korean immigrants came to America to work hard, to live life to its fullest, and to offer a brighter future for their children. Our talented children are indeed experiencing a brighter future by studying well in various academic institutions. In addition to education, however, our children must grow in their faith. One way to provide spiritual growth is family devotions.

Family devotions allow parents to communicate their faith to their children. This institution of family was blessed by God from the very beginning: "God blessed [Adam and Eve], and God said to them, 'Be fruitful and multiply, and fill the earth and subdue it' " (Gen. 1:28). Thus, the home should be a place of Christian love and peaceful living so that spiritual growth might take place. We may go to church every Sunday and listen to God's Word, but this is not enough. In order to nurture our children well, we need to have devotion at home. We must be intentional about religious education for our children.

It is hoped that *Korean Family Devotions* will be a valuable spiritual aid to your family. It is written in Korean with an English translation so that parents and children can have devotions together. All hymns used for the meditations are from the *Korean English Hymnal.*

I appreciate the three writers (Reverend Andrew S. Park, Reverend Dr. Brandon Inkyun Cho, and Reverend Kyungsig Samuel Lee) for all their hard work that made this work possible. Through these family devotions, I pray to God that you will be blessed.

Heisik Oh, Korean Editor

강림절부터

주현절 여덟째 주일까지

저자 : 박 승 호 목사

From Advent to Epiphany 8

Written by Andrew Sungho Park

강림절 첫째주일

제 목 : 마음을 비움
찬송가 : 208장
성 경 : 막 1 : 1-8

한 서양인이 어떤 깊은 산골에 있는 절에 가서 선사를 만나게 되었습니다. 그 스님을 만나자, 곧 "선"(Zen)이 무엇인가를 물었더니, 그 스님은 말없이 그 손님의 찻잔에 뜨거운 차를 부었습니다. 잔이 찼는데도 계속 부으므로 손님은 놀래며 "스님, 잔이 넘었습니다"라고 일깨워 주었습니다. 그때서야 선사가 말하기를 "당신의 마음도 이 넘친 잔처럼 꽉 차있어, 선을 이해할 수 있는 마음의 틈이 없습니다"라고 대답하였습니다.

이 서양인에게 선의 의미를 알기 위한 목마름이 없었습니다. 메시야의 오심을 타는 목마름으로 기다리지 않으면, 그를 만나 영접할 수 없습니다. 정욕과 욕심과 자기중심의 잔을 비움이 없이 우리는 오시는 메시야를 우리속에 모실 수 없습니다. 이기심으로 넘쳐흐르는 우리의 잔을 겸손히 쏟아 부을때 끊임없이 주님의 오심으로 우리의 잔을 채울 수 있게 됩니다.

우리의 잔을 비우면 비울수록 예수 그리스도가 채우십니다. 외양간같은 우리의 삶의 자리를 비우면 비울수록, 주님의 새로운 탄생을 더 깊이 체험하게 됩니다.

기도 : 사랑하는 하나님, 저희의 자아 중심적인 잔을 비우시사 우리로 하여금 주님의 탄생하심과, 재탄생하심을 우리 마음에 체험하게 하시며, 주님께서 우리 마음에 오심으로 "나의 잔이 넘치나이다"를 감격하여 부를 수 있게 채워주시옵소서.

저희의 영원한 탄생이시 예수님의 이름으로 기도합니다. 아멘.

ADVENT I

Emptying Our Heart
Hymn: What a Wonderful Change in My Life, No. 208
Scripture Lesson: Mark 1:1-8

A Westerner visited a Zen master in a remote temple. As soon as he met the master, he raised the question, "What is Zen?" The Zen master, without responding to the question, poured hot tea into the cup of the visitor. Seeing the cup overflowing, the visitor hastily warned, "The cup runs over." Then responded the Zen master, "Your heart is like the cup filled with water. There is no room for understanding the meaning of Zen."

Without being thirsty for the coming of the Messiah, we cannot receive our Messiah. Without emptying our cup of self-centeredness, lust, and greed, the Messiah cannot enter into our heart. Only when our cup of the heart overflowing with selfish desires is emptied, can our cup be filled with the coming (*parousia*) of Jesus Christ. The more we empty our cup, the more his *parousia* enters into it. The more we make room for God in our stable-like life, the more profoundly we will experience the new birth of Jesus.

Prayer: Loving God, empty our cup of selfishness so that we may experience the birth and rebirth of Jesus in our heart. Fill us with your coming so that we may gratefully resound, "Our cup runs over." In the name of Jesus our Eternal Birth. Amen.

강림절 둘째주일

제　목 : 하나님 안에서의 시간
찬송가 : 471장
성　경 : 벧후 3 : 8

아인슈타인전에는 시간이 절대적이였습니다. 그러나 그 후에는 시간은 상대적인 것으로 알려졌습니다. 우리의 시간은 지구에서만 적용됩니다. 우리가 세는 시간은 시계적 시간입니다. 사람이 우주를 여행하게 되면 이 시계적 시간은 소용이 없게 됩니다. 지구 자전이 하루요, 태양 둘레를 공전함이 일년인데, 태양을 향하여 여행하면 우리의 시간 관념은 무너지게 됩니다. 시간은 상대적으로 흘러가는 그 무엇이 아니고 우리가 살려고 할 때 나타나는 것이 시간입니다.

성경은 다른 종류의 시간 곧, 의미적 시간(영원)을 말하고 있습니다. 우리가 하나님 안에서 그 뜻대로 살 때 나타나고, 경험되는 것이 의미적 시간입니다. 벧후 3 : 8은 하나님 앞에서는 하루가 천년같고, 천년이 하루같다는 말씀을 합니다. 우리가 세는 나이하고 하나님 안에서의 나이는 다르다는 것입니다. 우리가 백년을 우리만을 위하여 살았다면 그것이 하나님 앞에서 하루도 살지 못한 것이고, 하루를 살아도 하나님 안에서 남을 위하여 살았으면 가치있는 백년을 산 것이 됩니다. 시간은 양적인 것이 아니고 질적인 것입니다. 우리가 하나님의 뜻을 준행하기 위하여 산다면 시간은 늘어날 수 있습니다.

지난해를 돌아볼 때가 되었습니다. 하나님과 남을 위하여 사는 시간은 영원한 시간입니다. 자신의 갈망만을 만족시키기 위해 사는 시간은 가공의 것입니다. 우리가 하나님을 위해서 살 때, 시간은 되살아나는 것입니다.

기도 : 자비하신 하나님, 시간이 조수같이 믿을 수 없고 덧없는 것임을 일깨워 주옵소서. 우리의 영원함이신 예수님의 이름으로 기도합니다. 아멘.

ADVENT 2

Time in God
Hymn: Beneath the Cross of Jesus, No. 471
Scripture Lesson: II Peter 3:8

Before Einstein, our notion of time was absolute. After Einstein, we know that time is not absolute. The time we measure is only working on this planet earth. The measurable time is *chronos* (clock time). When astronauts travel through space, our ordinary time does not bind them any longer. A day means that the earth rotates itself once. A year means that the earth rotates around the sun once. When a spaceship travels near the sun, our time-concept collapses. Time is relative. Time is not there to flow, but emerges as we exist and live.

The Bible has proclaimed a different type of time, *kairos* (the fullness of time, eternity). As we live in God and carry out God's will, we experience *kairos.* II Peter 3:8 tells us that one day is a thousand years and a thousand years is one day before God.

We cannot objectively measure time. If we live 100 years for ourselves only, such a long life is no more worthy than one day of meaningful living. However, if we live one day for God and others, one day can be worthier than 100 years. Time is qualitative, not quantitative. Time expands itself when we live to carry out the will of God.

It is time to look back on the passing year. The time we live for others and God is eternal (*kairos*). The time we live only for satisfying our own cravings is illusory. As we live for God and others, time arises.

Prayer: God teach us that time is deceptive and transitory, ebbing and flowing. Guide us not to be captured by time but to generate time for your service. Help us live your Life in our passing days by consummating your will—through Jesus Christ, our Eternity. Amen.

강림절 셋째주일

제 목 : 말씀이 육신이 되어
찬송가 : 105장
성 경 : 요 1 : 1-9, 14

요한 기자는 헬라 문명이라는 배경속에서 예수 그리스도의 복음을 전합니다. 그 문화적 배경에서 "로고스"(말씀)는 존경의 대상이었습니다. 헬라, 스토익주의에서 "로고스"는 우주적 이성으로 가장 지고한 존재요. 로고스란 완전함으로 변화가 필요 없고 창조할 필요도 없기 때문이었습니다. 이 완전한 로고스가 하는 일이란 단 한가지 자기 자신에 대한 명상입니다. 스토익주의자들에게 있어서 가장 높은 선은 이 세상 일에 대한 "무감각 상태"입니다.

이러한 헬라 사상 배경을 가진 로고스 개념을 도입하여 요한복음은 우리에게 그 지고한 "말씀"이 육신이 되셨다고 선언합니다. 그 세상과 무관한 로고스가 육신을 입으셨다는 것은 놀라운 외침이었습니다. 더욱 놀라운 것은 로고스가 몸(Soma)이 아닌 천한 육체(Sarx)가 되셨다는 것입니다. 몸은 우리의 건전한 육신을 의미하지만, 육체는 우리의 정욕이 가득찬 비천한 육신을 뜻합니다. 가장 고상한 로고스가 우리의 죄에 젖은 육체가 되셨다는 것은 헬라 사상에서는 일어날 수 없는 일이었습니다. 바로 이 놀라운 선포가 많은 죄에 시달린 사람들에게 "좋은 소식"(복음)이 되었습니다.

성육신이란 예수 그리스도의 말씀이 우리를 세상에서 구원하는 것이 아니라 고통스러운 세상을 구원하는 일에 우리를 관련시켜 구원하는 것을 의미합니다.

기도 : 영원하신 하나님, 저희의 누추한 육신속에 오심으로 저희로 하여금 이 고통하는 세상속에서 하나님의 말씀으로 살게 하옵소서. 천국에서의 위로를 추구하기 앞서 이 죄악된 세상에 주님의 말씀이 되어 살게 하소서. 우리의 참 성육신이신 예수님의 이름으로 기도합니다. 아멘.

ADVENT 3

The Logos Becoming Flesh
Hymn: Come, Thou Long-Expected Jesus, No. 105
Scripture Lesson: John 1: 1-9, 14

The Johannine writer proclaims the good news of Jesus Christ in the backdrop of Greek civilization (Hellenism). In the Greek world, *Logos* (Word) was very revered. In Stoicism, for example, *Logos* was the universal reason, the highest being in the universe. In the Greek idea, *Logos* was perfect and had no need to create anything. Changing, including creation, meant imperfection. Thus the perfect *Logos* did not do anything, but self-contemplation. The highest virtue of the Stoics was *apatheia*—no feeling toward worldly matters.

In the midst of the Greek understanding of *Logos*, the Gospel of John declares that *Logos*, the pure Word, became flesh (*sarx*). The highest divine became human flesh. This was a shocking declaration for the people who lived under Hellenism. More remarkably, the *Logos* became *sarx* (flesh). *Sarx* referred to the body adulterated by fleshly desires. The highest *Logos* that has nothing to do with the created world became *sarx*! This proclamation was inconceivable in the Hellenic world. This message that *Logos* became and dwelt in our *sarx* (sinful humans) was, and is, truly good news for all human beings.

The challenge of the Incarnation is that the Word of Jesus Christ does not save us from the world, but saves us by having us involved in the salvation of the suffering world. This involvement in the world is the work of the *logos*.

Prayer: We beseech you, Eternal God, to become incarnate in our flesh so that we may live out your Logos within the sinful world. Help us seek not our own comfort, but your Word as we reach out to others in this suffering world. Through the name of Jesus Christ, our true Incarnation, we pray. Amen.

강림절 넷째주일

*제　목 : **임마누엘 ; 하나님의 함께 계심***
찬송가 : 104장
성　경 : 사 7 : 14, 마 1 : 18-25

독일에 한 소년이 있었는데 그 음악적 소질을 본(Bonn)에 있는 대 성당 음악가 크리스찬 고트롭 니훼에게 인정받아 그 밑에서 바하의 음악을 배우고, 비엔나로 이주하여 명성을 얻게 되었습니다. 그러나 불행하게도 그는 27세에 귀가 먹게 되어, 자살을 두번씩 시도하였으나 실패합니다. 그후 그는 고난의 삶속에서 하나님이 주신 사명을 발견하고 고통에 대항하여 새 운명을 창조하여 나가기 시작합니다. 그때부터 삶의 적막과 고독과 고충과 싸움에서 나온 천인의 가슴을 뒤흔드는 고상하고 웅장하고 장성한 음악을 작곡하여 많은 사람들을 삶의 새로운 용기의 평원으로 인도하는 일을 하게 됩니다. 이 사람이 바로 베에토벤입니다.

그가 이 새로운 운명의 성취를 경험했을 때, 하나님은 우리 모두에게도 함께 하시는 임마누엘을 통해 새로운 운명을 예비하셨습니다. 우리가 삶의 고난, 역경, 절망에 싸이게 될 때, 하나님께서 우리에게 임마누엘의 징표를 주시고 우리를 통하여서 새 역사를 창조하여 나가십니다.

이사야 7 : 14의 역사적 배경은 공격의 시기였습니다. 유다왕 아하스가 그 당시 강대국이던 앗시리아를 대항하던 시리아와 북 이스라엘의 연맹에 가입하지 않으므로 시리아－이스라엘 연맹군이 유다를 공격했습니다. 포위당하던 주전 735년경에, 막강한 연맹군앞에 아하스와 국민이 폭풍앞의 나무처럼 떨고 있을 때, 이사야는 하나님의 구원의 징표를 보여 주셨는데, 처녀가 잉태할 것이라는 것입니다. 바로 그 징표를 임마누엘이라 칭하였습니다 우리도 마찬가지로 삶의 공포로 포위될 때 하나님께서 임마누엘을 약속하십니다.

기도 : 삶의 소용돌이가 우리를 포위할 때, 우리의 삶을 직면할 수 있는 용기를 허락하옵소서. 임마누엘의 하나님을 믿음으로 우리 마음속에 장엄한 찬송이 울려퍼지게 하옵소서. 예수님의 이름으로 기도 드립니다. 아멘.

ADVENT 4

Emmanuel: God with Us
Hymn: O Come, O Come, Emmanuel, No. 104
Scripture: Isaiah 7:14, Matthew 1:18-25

There was a young boy whose extraordinary musical gifts were early recognized by Christian Gottlob Neefe, the cathedral organist in Bonn. He guided this boy's efforts at composition and introduced him to some of Bach's music. As a young man, Neefe's student moved to Vienna, and gained fame as a pianist and composer. But, unfortunately, he started losing his hearing at twenty-seven. In deep despair, he attempted suicide twice. Failing in both attempts the young man began to realize a certain divine call for his tormented life: to fight for a new destiny in the midst of the suffering. From that time, he created many deeply poignant pieces of music that are sublime, majestic, and celestial, moving people to tears and to a new plane of courage. He was Ludwig van Beethoven.

As Beethoven experienced a new and fulfilling destiny, God has prepared a new destiny for all of us through *Emmanuel* (God is with us). Under the siege of tragedies, God promises us *Emmanuel*. Under the siege of our affliction, despair, and life-suffering, God gives us a sign of *Emmanuel* and creates a new history through us.

The historical background of Isaiah 7:14 was during times of siege. When King Ahaz of Judah did not join the alliance of Syria and the northern kingdom of Israel against Assyria, the Assyrians attacked Judah. Under the siege in 735 B.C., the heart of Ahaz and all his people trembled. In that crisis, Isaiah declares the divine sign of salvation—the birth of a baby through a young woman. The sign pointed to *Emmanuel.*

Prayer: Dear God, under the siege of life's turmoil, give us the courage to face our life and continue in your strength. Grant us a majestic hymn in our heart through our belief in Emmanuel. Amen.

새해 아침

제 목 : 새해의 새 비젼
찬송가 : 82장
성 경 : 빌 3 : 12-14

어떤 병원 병실에 두 사람의 암 환자가 있었습니다. 한 사람은 자기의 암이라는 병만 바라보고 절망하였으며, 다른 사람은 창을 통하여 파란 창공과 나무를 바라보며 시를 쓰기 시작하였습니다. 처음 사람은 암을 이기지 못하였지만, 두번째 사람은 암을 이기고 퇴원하였을 뿐 아니라 시집을 출간하게 되었습니다.

두번째 환자 시인은 비젼을 가졌습니다. 그의 비젼은 그에게 새로운 소망을 주었습니다. 당신은 비젼이 있습니까? 이 새해를 성공적으로 사는 하나의 열쇠는 비젼을 갖는 것입니다. 첫째로, 비젼을 갖기 위해서는 뒤의 것을 잊어버리고 앞의 것을 잡으려는 생활이 중요합니다. 둘째로, 비젼을 갖는 것 자체가 비젼을 삶속에서 성취하는 것보다 더 중요합니다. 비젼이 우리의 삶을 생동하게 하고 풍요하게 하기 때문입니다. 마지막으로, 그리스도 안에서 비젼을 갖는 것이 성공적 삶을 사는 것보다 더 중요합니다. 우리가 그리스도 안에서 비젼을 가질 때, 삶은 절대로 실패하지 않습니다. 그리스도만이 우리 삶의 참 성공이시기 때문입니다. 그리스도가 없는 비젼을 통하여 이룩한 우리의 성공이란 껍대기에 불과합니다. 그리스도는 우리의 비젼이요, 성공이요, 참으로 풍성한 생명이십니다.

기도 : 우리의 하나님, 이 새해라는 선물로 인하여 감사드립니다. 이 새해에 주님의 귀한 비젼을 심어주시고, 뒤의 것을 잊어버리고, 위로부터 부르신 상을 얻기 위하여, 앞의 것을 잡으려고 정진하는 삶을 살게 하옵소서. 우리의 참 비젼되신 예수님의 이름으로 기도합니다. 아멘.

NEW YEAR'S DAY

New Year, New Vision
Hymn: O Thou, in Whose Presence, No. 82
Scripture Lesson: Philippians 3:12-14

There were two cancer patients in a hospital. One looked down to the floor in despair concerning his cancer. The other, however, looked out at the blue sky and trees through the window and began to compose poems. The former did not recover from the cancer, and the latter not only recovered from his cancer, but also published a poetry book after his discharge from the hospital.

This second patient, the poet, had a vision. His vision gave him new hope. Do you have a vision? One key to living this new year successfully is having a vision. First, to have a vision, we must forget our past failures and move forward to the future. While lingering on a past failure leads us to death, pressing forward with new vision pilots us to life.

Second, having a vision itself is more important than achieving the vision in life, for a vision vitalizes our life and makes us live more fully. Last, having a vision in Christ is more important than living a successful life. When we set up our vision of life in Christ, we never fail because Christ is our true success. Without Christ our success is bound to be a failure. Christ is our vision, our success, and true abundance of life.

Prayer: We thank you, O God, for this special gift of a new year. This new year, implant in us your precious vision. Guide us to forget what lies behind and to strain forward to the goal for the prize of your upward call; through Jesus Christ our vision of life. Amen.

주현절 첫째주일

제　목 : 찬란한 기쁨
찬송가 : 102장
성　경 : 마 27 : 7-12

금광 탐구가 한창일 때, 일부 사람들이 오리곤주에 있는 작은 도시에 도착하였습니다. 여행길에 지치고 실의에 찬 이 사람들은 술집에 들어가, 술마시며, 떠들며, 성내며, 불만을 토로하다 그 다음날, 떠났습니다. 일주일 후, 저들은 다시 마을에 나타났는데 얼굴에 빛이 나고 있었습니다. 그들은 행복해 보였습니다. 조용히 광산 기구들을 산 후, 그 마을을 떠났습니다.

그런데, 뒤를 돌아다 보니 한떼의 사람들이 삽이나 쪼는 기구들을 가지고 저들을 따르고 있었습니다. 놀라서 누가 비밀을 누설했는가 물었지만 아무도 말하지 않은 것을 알고, 따라오는 이들에게 "왜 우리들을 따라옵니까?"하고 물으니, "우리는 당신들이 금을 발견한 것을 압니다. "어떻게요?" 처음 당신들이 이 마음에 들어왔을 때에는 실의와 불만이 가득찼는데, 이번에는 당신들 얼굴에 빛이 나고 행복이 가득함을 보고 알았습니다."라고 대답하였습니다.

동방박사 세 사람은 이 금광탐구가와 같습니다. 이들도 빛나는 얼굴을 지니고 있었습니다. 금보다 더 귀한 구세주를 발견했습니다. "그들은 기뻤습니다"(10절).

예수 그리스도를 만난 후, 우리의 얼굴빛이 달라지는데 행복한 얼굴로 변합니다. 불만스럽고, 슬프고, 불행하고, 실의에 찬 그 옛길을 다시 걷지 않으며, 그리스도 안의 찬란한 기쁨 때문에 사람들이 우리를 보고, 좇아, 그리스도를 따르게 될 것입니다.

기도 : 은혜로우신 하나님, 우리를 주님 세신 곳으로 인도하시고, 우리의 삶이 당신을 아는 기쁨으로 빛나게 하옵소서. 주님의 이름으로 기도하옵니다. 아멘.

EPIPHANY

Radiant Joy
Hymn: I'd Rather Have Jesus, No. 102
Scripture Lesson: Matthew 2:7-12

During the gold rush, a group of gold seekers went to a small town in Oregon. Tired from a long futile journey, they were unhappy, irascible, and cursing each other in a tavern. They left the town next day.

A week later they reappeared in the town with shiny faces. They looked happy. After purchasing some tools, they were quietly leaving the town. Unexpectedly, a large group of people with picks and shovels began following them. The gold seekers looked at one another and wondered whether anyone leaked their secret. None. So they turned around and asked the followers, "Why are you following us?" "We know that you have found gold," answered the followers. "How?" inquired the group. "When you came in the village earlier, you looked very unhappy, cursing at each other. When you came back, you looked happy and your faces were radiant," replied the followers.

The magi can certainly identify with the gold seekers. These wise men too had radiant faces. They had found the Savior, one more precious than gold. "They were overwhelmed with joy" (verse 10).

After finding Jesus, we will reflect true happiness on our faces. We will not walk the same road of unhappiness, sadness, complaint, and despair. And people who notice our radiant joy will want to follow us.

Prayer: Gracious God, in this life-journey, lead us to Jesus and change our attitude toward life so that we may glow with the joy of knowing you. In the name of Jesus who is our Eternal Journey. Amen.

주현절 둘째 주일

제 목 : 세상을 변화시켜라
찬송가 : 402장
성 경 : 롬 12 : 1-2, 엡 6 : 12

상업적인 대중 매체들은 전반적으로 폭력, 탐욕, 배금주의와 같은 악을 부추겨 우리로 하여금 현실에 대하여 졸립도록 만들었습니다. 그 폭력은 구태여 정확한 정보의 보급이기보다는 그저 인기를 얻는 것을 추구하는 데 있습니다. 그리고 인기를 끌기 위해서는 정욕과 폭력 그리고 비방이나 중상을 내용으로 한 프로를 제공해야 합니다. 결국, 이 사회는 오보와 부패로 가득차게 됩니다.

성경말씀이 경고하듯, 우리는 육과 혈에 대하여 싸우는 것이 아니라, 천사들과 어둠의 세상 권세자들과 하늘에 있는 악의 영들(이익만을 추구하는 대중매체 방송망들)과 싸우고 있는 것입니다. 우리들 크리스챤들은 이러한 악의 천사들에게 스스로 내어주어서는 안되며, 그리스도의 진리의 힘으로 싸워 이겨야 합니다. 그들에게 영향받아 오염될 것이 아니라, 오히려 그들을 변화시켜야 합니다.

그들을 변화시키기 위해서는 먼저 우리 자신이 그리스도의 능력으로 변화 받아야 합니다. 그렇게 되면, 우리는 영적 대결에 참여하여, 잘못된 길로 인도하는 대중매체와 이세상의 허위를 확산시키는 오늘날의 사회구조를 개혁할 수 있게 될 것입니다. 그러므로, 우리는 성령의 능력으로 스스로의 삶의 가치를 바꾸어 나아가 사회의 부패된 가치를 바꾸어 나가도록 위로부터의 부름을 받고 있는 것입니다.

기도 : 자비로우신 하나님, 대중매체가 오늘날 우리의 문명을 잘못된 길로 이끌고 있나이다. 이러한 대중 매개 체제를 변화시킴으로써 신리를 전파할 수 있도록 성령의 능력으로 도와주시옵소서. 이즈러지고 악한 소식들이 범람하는 가운데 오직 당신의 메시지만이 참으로 복된 소식임을 확신합니다. 세상을 변화시키시는 그리스도 예수님의 이름으로 기도드립니다. 아멘

EPIPHANY 2

Transform the World
Hymn: Bugle Calls Are Ringing Out, No. 404
Scripture Lesson: Romans 12:1-2; Ephesians 6:12

Commercial mass media in general promote such evil values as violence, lust, and mammonism, making us asleep to reality. Their goal is not necessarily the distribution of accurate information, but what is popular. And to be popular these programs often become sensual, violent, and scandalous. Consequently, this society is full of misinformation and corruption.

As the scripture warns us, we are not fighting against flesh and blood, but against the principalities, against the world rulers of this present darkness, and against the spiritual hosts of wickedness in the heavenly places (profit-driven mass media networks). We, Christians, should not give in to these evil principalities, but must fight them with the power of Christ's truthfulness. Rather than being transformed by them, we must transform them.

To transform them we must be transformed first by the power of Christ. Then, we can be engaged in this spiritual confrontation and change the structure of the present society that reproduces the misleading mass media and falsehood in the world. Therefore, we have the calling from above to transvalue the corrupt values of the society by first transvaluing our own lives by the power of the Holy Spirit.

Prayer: Merciful God, the mass media mislead our civilization. Help us, by the power of the Holy Spirit, disseminate truth by transforming the present mass media system. We know that in the midst of biased and bad news, your message is truly good news. Through Jesus Christ, the Transformer of the World, we pray. Amen.

주현절 셋째주일

*제　목 : **예수님의 신학적 입장***
찬송가 : 262장
성　경 : 눅 4 : 21-30

광야에서 시험받으신 후, 예수께서 성령이 충만하셔서 고향에 돌아오셨습니다. 나사렛에서 그는 회당에 들어가 성경말씀을 읽으셨습니다. 회당에는 여러 종류의 사람들이 있었는데… 그 회중 가운데는 지방관리(지배자), 가난한 사람, 종교 지도자, 헤롯이 보낸 사람들, 로마 총독부에서 보낸 사람들이 앉아 있었습니다.

주님께서는 머뭇거림이 없이 이사야서를 펼치사 "주의 성령이 내게 임하사…"를 읽으셨습니다. 예수님께서는 부자와 권력자들 앞에서 그의 목회의 목적을 밝히셨습니다. 그것은 가난한 자에게 좋은 소식을, 갇힌자에게 놓임을, 눈먼 이에게 보게함을, 억눌린 자에게 해방을 가져옴으로 희년을 선포함이었습니다. 주님께서는 소외된 자들의 권익을 위한 목회 입장을 천명하시니 사람들은 그의 지혜에 놀라며 칭송을 하다가 결국은 주님을 죽이려 하였습니다.

눌린자들을 위한 사역이 주님의 사명이였습니다. 주님을 따르려면 우리는 억눌리고 가난한 자들의 권익을 위하여 변호해야 합니다. 거기에는 희생이 따릅니다. 엘살바돌의 로메로 감독이 지배자와 부요한 사람들 편에 섰을 때, 그는 칭송을 받았습니다. 그러나 농부들과 가난한 눌린이들의 대변을 시작하니 군부에서 저를 암살하여 버렸습니다. 우리도 세상에서 약한 자들 편에 서서 일하면 핍박과 환란을 당합니다. 그러나 이 길이 그리스도를 따르는 순종의 섬김의 길인 제자의 희생입니다.

기도 : 사랑의 하나님, 주님의 사명을 기억하사, 수님의 몸되신 교회가 참으로 주님을 따라 억압자들을 대항하여 힘없고 짓눌리는 자들을 위하여 주님의 기쁜 소식을 전하게 하옵소서. 나사렛 예수님의 이름으로 기도합니다. 아멘.

EPIPHANY 3

Jesus' Theological Position
Hymn: Now Is the Time, No. 262
Scripture Lesson: Luke 4:21-30

After undergoing the temptations in the wilderness, Jesus, filled with the Spirit, returned to Nazareth. In Nazareth he entered the synagogue and read the scriptures. In the synagogue were different kinds of people—local magistrates (oppressors), the poor (oppressed), the religious sectarians, and probably some spies sent by Herod and by the Romans.

Without hesitation, Jesus selected the Isaiah passage: "The Spirit of the Lord is upon me . . ." Before the rich and the rulers, Jesus clarified his goals of ministry to preach good news to the poor, to proclaim release to the captives, to recover sight to the blind, to liberate the oppressed, and to declare the year of jubilee. His theological position was to advocate the rights of the downtrodden and the poor. When Jesus confronted them with his theology of advocacy for the down-and-out, they became so raged that they tried to kill him by hurling him off the cliff (verse 29).

The wholeness of the trampled was the mission of Jesus. To follow Jesus, we too should advocate for the rights of the poor and the oppressed. It may cost a lot. In El Salvador when Archbishop Romero sided with the rich and the rulers, they spoke well of him. But when he stood up for the poor peasants and the downtrodden, he was assassinated by the military. When we stand up for the rights of the poor and the exploited in the world, we might undergo tribulation. This can be the cost of discipleship that is required to follow Jesus.

Prayer: Dear God, remind us of the mission of Jesus and baptize your church afresh in the life-giving spirit of Jesus of Nazareth who confronted the oppressors and sided with the down-and-out. In your name, Jesus of Nazareth, we pray. Amen.

주현절 넷째주일

제　목 : 크리스챤의 축복
찬송가 : 516장
성　경 : 마 5 : 1-12

아프리카를 여행하던 한 사람이 큰 나비 하나가 자기의 고치로부터 나오려고 애쓰는 것을 보고 불쌍히 여겨 주머니칼로 그 잡아매는 끈들을 끊어 주어서 나비가 나오게 하였습니다. 그런데 이 나온 나비는 이상하게도 그 찬란하게 빛나는 날개빛이 없었습니다. 그 고뇌의 애쓰는 것이 그 나비의 아름다움을 창조하는데 꼭 필요한 것이었습니다. 우리 영혼도 이와같이 삶의 고뇌와 시련을 통하여서만 영혼의 아름다움을 만들어가게 됩니다.

크리스챤에게 있어서 참 축복은 부의 소유도 아니요, 명성을 얻는 것도 아니요, 권력을 갖는 것도 아니요, 편한 삶을 사는 것도 아닙니다. 영적으로 가난한 마음, 애통함, 하나님의 의에 주리고 목마름, 마음의 청명함, 겸비의 온유, 자비한 심정, 평화를 위하여 일하는 것, 주님의 정의를 위하여 핍박받음이 하나님께서 우리에게 주시는 참 축복인줄 깨달아야 합니다. 이 여덟가지 복들은 그리스도 없이는 삶의 저주지만 그리스도안에서는 참 깊은 축복입니다. 인생의 고뇌와 곤경을 당할 때 이것들을 받아들임은 물론 십자가에서 못 박히신 예수님 안에서 기뻐하여야 합니다. 저들은 우리를 고상하고 아름답게 재 창조하는 축복들이기 때문입니다.

기도 : 거룩하신 하나님, 예수님께서 핍박과 고난을 받으시사 저들의 삶을 축복이 되도록 변화시키심을 저희가 기억합니다. 삶의 고통스러운 곤경들을 기쁨으로 받으신 주님의 삶으로 저희를 인도하시기를 예수님의 이름으로 기도드립니다. 아멘

EPIPHANY 4

The Blessings of Christians
Hymn: Blessed Are the Poor in Heart, No. 516
Scripture Lesson: Matthew 5:1-12

A traveler in Africa saw one of the large butterflies of the tropics struggling to free itself from the cocoon. He took pity on its struggles and with his knife cut the cords at which it was straining, and it came safely and easily out. But all the brilliant coloring was gone! The anguish of the struggle was necessary for producing the beauty of the butterfly.

Like the butterfly, so is the beauty of the soul won in the struggle with, and the victory over, trial and adversity. The Christian's blessings are not the possession of wealth, reputation, and power, but—as stated in the Beatitudes—the blessing is poverty in spirit, mourning, hunger and thirst for God's righteousness, purity in heart, humility, mercifulness, peacemaking, and persecution for justice. These eight blessings are contrary to our traditional concepts of blessings. They are curses without Christ, but not with Christ. In the new values of Christians, when we meet hardship, affliction, and persecution, we must welcome them and rejoice in Jesus Christ the Crucified; for they mold and remold us making us humble, beautiful, and noble.

Prayer: We remember, O God, that Jesus Christ suffered affliction and persecution and considered them as true blessings of life. Guide us to live the life of Jesus Christ and rejoice in all the hardships of life in you. Through the name of Jesus we pray. Amen.

주현절 다섯째 주일

제　목 : 세상의 소금
찬송가 : 276장
성　경 : 마 5 : 13-20

소금은 옛 이스라엘에서 중요하였는데, 사람들은 그것을 음식의 맛이나 보존을 위하여 쓴 것만 아니라 제단의 여러 제사에 사용하였습니다(레 2 : 13). 소금은 계약의 상징으로 하나님께 자기를 다 드리는 의미로 사용하였으며, 부정한 것과 위선적인 것들을 제거하는 뜻으로 사용했습니다(민 18 : 19). 소금은 신약성서에서 은혜의 상징으로(막 9 : 50), 지혜의 상징으로(골 4 : 6), 선의 정수로, 죄인의 벌의 상징으로(막 9 : 49) 쓰였습니다.

소금이 효과적인 물질이 되기 위해 겪어야 되는 핵심적인 과정은 "녹는것"입니다. 녹는 것 없이 소금은 어떠한 의미있는 역할도 할 수 없습니다. 예를 들면, 소금 덩어리가 김치속에 그대로 녹지않고 있다면, 맛없다고 말조차 못하고 소금 덩어리를 씹느라고 곤욕을 치룰 것입니다. 그러므로 소금은 덩어리 모양을 없애서 녹아져야 합니다.

"세상의 소금이 되기 위해서" 우리는 그리스도에게 영광돌리지 못하는 종교적인 형태와 태도… 즉 자신의 의로움이나 다른 이들에게 보이기 위한 선행등을 버려야 합니다. 그대신 우리의 행함이 그리스도와 같은 향료로 맛을 내어야 합니다. 그래서 우리는 녹여진 소금이 될 수 있고, 그리스도의 삶을 살아감으로써 우리의 공동체에 스며들 수 있습니다.

기도 : 은혜로우신 하나님, 매일의 삶속에 녹아 들어가 이 세상을 주님의 맛으로 변화시키는 우리가 되도록 인도하소서. 우리의 새 계약의 소금되시는 예수님의 이름으로 기도합니다. 아멘

EPIPHANY 5

The Salt of the Earth
Hymn: Brightly Beams our Father's Mercy, No. 276
Scripture Lesson: Matthew 5:13-20

Salt was important in ancient Israel. The Israelites used it not only for the taste and the preservation of food, but also in their religious service as an accompaniment to the various offerings presented on the altar (Lev. 2:13). Salt was the symbol of covenant, signifying the truthfulness of self-surrender to God embodied in the salt of sacrifice, by which impurity and hypocrisy were rebuffed (Num. 18:19; 2 Chron 13:5). In the New Testament, salt was the symbol of grace in the heart (Mk. 9:50), wisdom (Col. 4:6), and the purification of the good and the punishment of sinners (Mk. 9:49).

One pivotal process that salt should undergo to be effective is melting. Without melting, salt cannot play any of its significant roles. If coarse-grained salt stays unmelted in kimchi (fermented Chinese cabbage), for example, we will have trouble chewing it, not even mentioning its tastelessness. Salt, therefore must give up its form and dissolve. When it dissolves, it can permeate through foods.

To be the "salt of the earth," we must let go of religious forms and attitudes that do not bring glory to Christ—self-righteousness or doing good works to be seen by others. Instead, we need to let what we do be seasoned with a Christ-like flavor. Then we can become dissolved salt and permeate through our community by living the life of Christ.

Prayer: Gracious God, teach us how to be your salt, to melt into the daily lives of people, changing the taste of the world without clinging to any religious pretenses. Through Jesus, our True Salt of new covenant, we pray. Amen.

주현절 여섯째주일

제　목 : 분노
찬송가 : 470장
성　경 : 마 5 : 21-26

한 철인이 제자와 함께 길을 가다가, 그의 경쟁자를 만나게 되어 공손히 인사를 하였습니다. 그런데 그 사람은 그 인사를 받지 않고 거만하게 지나쳐 버렸습니다. 그의 제자가 허세부리는 그의 태도를 비난하면서, 그에게 화를 내니, 그의 스승 철인이 천천히 입을 열어 물었습니다. "자네 길가다 얼굴 못생긴 사람 보면 분을 내나? 왜 화를 내겠습니까? 그러면, 자네는 왜 마음이 못생긴 사람을 보고 그리 분을 내나?" 조용히 철인은 타일렀습니다.

22절 말씀에서 분노에 대한 희랍어 단어는(orge) 극단적인 분노, 오래 품은 분노를 말합니다("만일 형제자매에게 분을 내는 사람은 심판을 받게 된다.") 성경말씀은 이러한 분을 금하고 있습니다. "분을 내어도 죄를 짓지 말며 해가 지도록 분을 품지 말라(엡 4 : 26)."고 사도 바울이 우리에게 훈계하고 있습니다. 야고보는 말하기를, "사람의 성내는 것이 하나님의 의를 이루지 못함이니라(약 1 : 20)." 성경 말씀은 한결같이 극단적인 분노를 금하고 있습니다.

한 철인이 조용히 그리고 이치에 닿게 그의 제자에게 대꾸한 것처럼, 이성과 이해는 우리의 분노를 가라앉힐 수 있습니다. 더욱이, 그리스도의 은혜로 우리는 우리의 분노를 사그러지게할 뿐만 아니라 분노하게 하는 자들을 용서할 여유가 생깁니다. 그것은 죄인들을 용서하시는 하나님의 은혜로운 마음이 바로 십자가에 자기를 못박는 사람들을 용서하시는 예수님의 마음이였습니다.

기도 : 은혜로우신 하나님, 우리가 분노할 때, 우리 마음에 주님이 오셔서 십자가에 못박히신 예수의 마음을 지니게 하옵소서. 예수 그리스도의 이름으로 기도 드립니다.

EPIPHANY 6

Anger
Hymn: It Is Well with My Soul, No. 470
Scripture Lesson: Matthew 5: 21-26

A sage met his rival on a street while walking along with one of his disciples. The sage politely greeted his rival, but the man arrogantly disregarded the greeting. The sage's disciple was furious, condemning the ostentatious behavior of the man. Waiting for a while, the sage asked his disciple a question: "Are you angry at a person with an ugly face?" "No," replied his disciple. "Then, why are you angry at a person with an ugly heart?" the sage calmly reasoned.

The Greek term for anger (orge) in verse 22 ("If you are angry with a brother or sister, you will be liable to judgment.") means excessive anger, long-lived anger. The Bible prohibits excessive and long-lived anger. This is the reason the Apostle Paul admonishes us "Be angry but do not sin; do not let the sun go down on your anger" (Eph. 4:26). James states, "Your anger (*orge*) does not produce God's righteousness" (Jas. 1:20). The Bible univocally prohibits excessive anger.

Just as the sage calmly and reasonably responded to his disciple, reason and understanding can calm down our anger. Moreover, by Christ's grace we would not only dissolve anger, but also pardon those who trigger our deep anger. God's gracious pardon toward sinners was the heart of Jesus on the cross toward those who crucified him.

Prayer: Let your calm presence, gracious God, dwell in our heart when we are angry; and let your crucified mind rule over our hearts always. In the name of Jesus Christ we pray. Amen.

주현절 일곱째주일

제 목 : 모욕에 대한 크리스챤의 반응
찬송가 : 383장
성 경 : 마 5 : 38-48

일반적으로 사람들은 육체적인 모욕에 대해서 다섯가지 모습의 반응을 보입니다. 첫째 단계에 있는 사람은 남이 나를 한번 치면, 한번 이상을 되치거나 세차게 칩니다(자연적 반응). 둘째 단계의 사람은 남이 나를 한번 치면 꼭 그만큼만 보복을 합니다(옛날 유대법). 셋째 단계의 사람은 남이 나를 치면, 보복하지 않고 말로만 항의를 합니다(힌두교의 무해원리인 아힘샤 원리). 넷째 단계의 사람은 남이 나를 치면 침묵으로 반응합니다(불교적 대답). 다섯째 단계에서는 남이 나를 치면 무반응을 취하면서 사랑과 기도로 반응합니다(아가페 사랑). 이 마지막 반응이 바로 그리스도가 우리에게 가르친 길입니다. 이것은 우리의 원수를 다루는 가장 최고의 방법입니다.

그리스도의 길은 우리가 따를 수 있는 자연스러운 길은 아닙니다. 이 놀라운 길인 아가페 사랑의 삶을 실천할 수 있는 것은 그리스도와 함께 할 때만이 가능합니다. 친구 사랑인 "휠리아"(Philia)와는 달리, 아가페(Agape) 사랑은 그리스도를 통해서 우리가 배우는 사랑입니다. 그리스도가 우리 마음속에 임재할 때, 사람들의 모욕과 해를 따뜻함과 진정한 기도로 갚을 수 있습니다.

기도 : 사랑하는 하나님, 우리 마음속에 당신의 사랑을 창조하소서. 우리가 남에게 해를 받거나 모욕을 당할 때, 그들의 행복을 위해 진정으로 기도하게 하옵소서. 십자가에 못을 박은 사람들을 용서하시고 위해서 기도하신 예수님의 이름으로 기도합니다. 아멘.

EPIPHANY 7

Christian Response to Insults
Hymn: Faith of Our Fathers, No. 383
Scripture Lesson: Matthew 5:38-48

There are generally five different levels of response to physical insulting. At the first level, if a person strikes us once, we strike back more than once or strike harder (natural response). At the second level, struck by a person, we strike back only once (the ancient Jewish law). At the third level, struck by a person, we do not strike back but protest verbally (Ahimsa: the principle of non-injury, Hinduism). At the fourth level, struck by a person, we respond with silence (Buddhism). At the fifth level, struck by a person, we surpass the stage of no reaction and respond with prayer and love (*agape*). This last response is the way Christ taught us. This is the highest way to deal with our enemy.

Christ's way is not a natural way for us to follow. It is only with Christ that we are able to achieve this incredible way of *agape* life. Different from *philia* (love for a friend), *agape* is the love we learn through Christ. When Christ is in us, we return others' insults and harm with warmth and hearty prayer.

Prayer: Create the heart of your love within us, O loving God. When we are insulted and struck by others, enable us to sincerely pray for their well-being. We pray in the name of Jesus Christ who forgave and prayed for those who nailed him to the cross. Amen.

주현절 여덟번째주일

제　목 : 우리 삶의 중심
찬송가 : 519장
성　경 : 마 6 : 25-34

로마 황제 통치하에서, 사람들은 가이사만 저들의 주(Kyrios)가 된다고 먼저 고백하고 나서야 자기 신을 섬길 수 있었습니다. 가이사만 주로 부르도록 강요받았음에도 불구하고 크리스챤들은 예수님만을 주로 고백하였습니다.

우리가 예수님만을 주인으로 고백할 때, 우리는 그의 종이 됩니다. 우리는 더 이상 우리 삶의 중심이 아닙니다. 그리스도가 우리 삶의 중심이 되십니다. 우리가 가지고 있는 모든 것은 예수 그리스도의 소유입니다 : 우리의 가족, 사업, 직업, 성공, 실패, 그리고 삶 모두가 다 주님의 것이 됩니다.

우리의 걱정 근심도 다 그리스도의 것입니다. 그러기에 우리가 현재와 미래에 대해서 걱정할 것을 주님께서 금하셨습니다. 왜냐하면 우리의 것이 아니고 주님의 것이기 때문입니다. 우리의 근심도 주님의 것이요, 우리의 성공도 주님의 것입니다. 우리는 그리스도와 함께 십자가에 못박혔습니다 : "이제 내가 산 것은 내가 아니요, 내안에 사시는 그리스도이시다"(갈 2 : 20).

믿음이란 "예수님께서 우리의 주인(Kurios)이시다"라고 고백함입니다. 로마서 10 : 9은 "우리가 만일 우리 입으로 예수님이 우리의 주인이신 것을 고백하고, 하나님께서 저를 죽은 자 가운데서 살아나신 것을 마음으로 믿으면 구원을 받는다"고 말씀하여 주십니다. 예수님을 주인으로 고백한다는 말은 그분을 우리 삶의 중심으로 모신다는 뜻입니다.

근심 걱정은 실제로 그리스도께서 우리의 중심인 것을 부인하는 행위입니다. 크리스챤으로서, 우리의 미래를 위해 계획할 수는 있지만 더 이상 걱정할 필요는 없습니다. 우리는 들의 백합화와 공중의 새처럼 그리스도 안에서 자유롭게 살아야 합니다.

기도 : 오 하나님. 우리 삶의 중심이 되셔서 우리 삶속에 기쁨, 근심없는 마음과, 마음속에 삶의 멜로디와 밝은 마음을 우리 삶의 여로에 허락하옵소서. 우리의 주인 되시는 예수님의 이름으로 기도드립니다. 아멘.

EPIPHANY 8

The Center of Our Life
Hymn: Are Ye Able, No. 519
Scripture Lesson: Matthew 6:25-34

Under the rule of the Roman Empire, people had to confess Caesar as *Lord (kyrios)* first and then worship their own gods. In spite of being forced to call Caesar kyrios, Christians confessed Jesus alone as their kyrios.

As we confess Jesus Christ as our *Lord*, we become his servant; we are no longer the center of our life. Christ becomes our center. All that we have belongs to Jesus Christ: our family, possession, business, profession, success, failure, and life.

Our worry and anxiety are Christ's too. We are forbidden to worry about our present and future, for they are not ours but Christ's. Our anxiety is Christ's and our success is Christ's. We are crucified with Christ; "It is no longer I who live, but it is Christ who lives in me" (Gal. 2:20).

Faith means our affirmation that Jesus is Lord. Romans 10:9 proclaims: "If you confess with your lips that Jesus is Lord and believe in your heart that God raised him from the dead, you will be saved." Confessing Jesus as Lord means accepting Jesus as the center of life.

Worry in essence is to deny Christ as the center of our life. As Christians, we can no longer worry about our future, although we can plan for it. We must live freely in Christ like the lilies of the field and the birds in the air.

Prayer: Your are the center of our life, O God. Grant us joy for the day's work, a worry-free mind, a melody in our heart, and a cheerful attitude toward our life-journey. Through Christ, our Lord, we pray. Amen.

산상변화 주일부터

부활절 여섯째 주일까지

저자 : 조 인 균 목사

From Transfiguration Sunday to Easter 6

Written by Brandon Cho

산상 변화 주일

*제　목 : **산상 변화 경험***
찬송가 : 13장
성　경 : 눅 9 : 28-36

오늘 본문의 산상 변화는 베드로, 야곱, 그리고 요한의 산상경험이었습니다. 그 경험은 몽매한 그들의 내적 분별력을 깨우쳐 주었고, 그들의 믿음을 키워주었습니다.

나의 산상 경험은 내가 열다섯살 때 어느 젊은이들이 모인 겨울 수양회에서 일어났습니다. 그 사건 이전에 나는 내 인생의 의미와 목적을 찾기에 갈망하고 있었습니다. 하나님을 찾기에 주리고 갈하였지만 그분을 어떻게 만날 수 있는지를 몰랐습니다. 한밤중, 캠프장 뒤편 풀밭 가운데 홀로 앉아 기도하는 중에 나는 하나님의 임재를 이전 어느 때보다 가깝게 느꼈습니다. 아무튼 나는 하나님께서 나의 모든 것을 이해하고 계심을 알았습니다. 그리고 하나님께 나를, 바로 나를 사랑하시며 예수님을 통하여 전적인 평화와 기쁨속에서 자유케하심을 실감하였습니다.

이 경험을 통해서 하나님의 임재를 보고 체험하지 못하게 한 것은 바로 자신의 내적 무분별이였음을 깨달았습니다. 믿음이란 내 자신이 하나님의 임재와 사랑을 깨달음으로 생기는 것임을 알았습니다. 그 진리를 알게 된 것이 얼마나 기쁜 경험인가! 그후 나는 여러번 산상 변화의 경험을 하였습니다. 그러한 경험들이 나로 하여금 하나님의 영광을 볼 수 있게 하였습니다.

예수께서 2000년 전 제자들에게 산상에서 그의 영광을 나타내셨듯이 오늘도 하나님께서 우리에게 당신의 영광을 보여주고 계십니다. 하나님의 아름다움과 영광이 여러분안에 그리고 그의 모든 피조물 안에 있습니다. 주님을 찬양합니다.

기도 : 주님은 당신의 영광으로 온 우주를 창조하셨음에도 사람의 몸을 입고 스스로 낮아지셔서 사랑으로 우리안에 살아계십니다. 우리의 찬양과 감사를 당신께 드립니다. 예수님의 이름으로 기도드립니다. 아멘.

TRANSFIGURATION SUNDAY

Mountaintop Experience
Hymn: Joyful, Joyful, We Adore Thee, No. 13
Scripture Lesson: Luke 9:28-36

The Transfiguration, recounted in today's scripture, was a mountaintop experience for Peter, James and John. That experience gave healing to their inner blindness and nurtured their faith.

My mountaintop experience took place when I was about fifteen years old at a young people's winter retreat. Before that event I was hungry and thirsty for God, but I did not know how to find God. While praying alone at night in the middle of a pasture behind the camp site, I felt God's presence closer than ever before. I somehow knew that God understood everything about me. I also realized that God loved me, even me, and set me free in total peace and joy through Jesus Christ.

Through this experience I discovered that it was my own inner blindness that hindered me from seeing and experiencing God's presence. I discovered that faith comes by simply letting myself be found and loved by God. What a joyful experience to learn that truth! Since then I have had several mountaintop experiences. They led me to see the glimpses of God's glory.

As Jesus revealed his glory to his disciples on that mountaintop 2,000 years ago, today God is revealing God's glory to us. God's beauty and glory are in you and in all God's creation. Praise God!

Prayer: Dear God, you created all things in the universe with your glory and yet humbled yourself to live in us as love. We offer you our praise and thanksgiving in Jesus' name. Amen.

사순절 첫째주일

제　목 : 시험에 들지 않게 하옵소서
찬송가 : 395장
성　경 : 눅 4 : 1-13

시험은 우리의 약한 부분, 즉 의지의 힘과 명석함이 없을 때, 자주 옵니다. 예수님 경우도 마찬가지였습니다. 예수님은 40일동안 금식하시며 기도했습니다. 그는 120끼니를 굶었습니다! 그의 극심한 배고픔의 고통을 상상할 수 있을 것입니다. 예수님이 기도하며 보낸 광야는 빵조각들로 보인 석회석 조각들로 덮혀 있었습니다. 그래서 마귀가 예수님에게 명하여 돌들로 떡덩이가 되게 하라고 시험하였습니다. 마귀는 거기서 끝치지 않았습니다. 두번째 시험은 권세를 주겠다고 약속하였습니다(5-7절). 그리고 세번째 시험은 "네가 만일 하나님의 아들이어든 성전 꼭대기에서 뛰어내리라"(9-11절)는 하나님의 능력을 시험하고 있는 것입니다.

예수님의 시험받으신 이야기 속에서 우리는 마귀가 예수님으로 하여금 하나님으로 부터 분리되어 하나님께서 주신 권세를 잘못 사용하도록 방해하고, 유혹함을 보게 됩니다. 그렇다면 예수님은 이 시험을 어떻게 물리치셨습니까? 예수님은 매 시험을 그때마다 적절한 하나님의 말씀으로 대응하셨고, 그분의 촛점을 하나님과 또한 그를 향하신 하나님의 뜻에 맞추셨습니다. 아마도 시험이 닥칠 때 "아니오"라고 대답할 수 있는 최선의 길은 삶의 촛점을 주 하나님께 두고 큰 소리로 "예"라고 고백할 뿐만 아니라, 그분과 함께 살아가는 것일 것입니다. 이것이 바로 예수님이 사용하신 방법입니다. 여러분도 그렇게 하실 수 있습니까?

기도 : 사랑의 주님, 우리를 시험에 들지 않게 하시고, 또한 악에서 구하여 주옵소서. 주의 성령을 통하여 믿음을 굳세게 하시고 생명의 길로 인도하여 주옵소서. 예수님의 이름으로 기도합니다. 아멘.

LENT 1

Lead Us Not into Temptation
Hymn: Yield Not to Temptation, No. 395
Scripture Lesson: Luke 4:1-13

Temptation often comes through our weak spots, places where we lack clarity and will power. Certainly such was the case for Jesus. Jesus had fasted and prayed for forty days. He skipped 120 meals! You can imagine the intensity of his hunger. The wilderness where Jesus prayed was covered by pieces of limestone that looked like loaves. So, the devil tried to tempt Jesus into using his power to turn a stone into a loaf of bread. The devil did not stop there. The second temptation promised power (verses 5-7), and the third temptation involved testing God's power (verses 9-11).

In this temptation story we see the devil trying to confuse Jesus, lure him to misuse his God-given power, and take him away from God. How did Jesus resist the temptation? Jesus responded to each temptation with an appropriate scripture, and kept his focus on God and God's will for him. Probably, the best way to say "No" to temptations is by focusing on God and saying a resounding "YES" to the Lord God. That is exactly what Jesus did. Can you do that too?

Prayer: Dear God, lead us not into temptation but deliver us from evil. Strengthen our faith through your Holy Spirit and guide us through your way of life. In Jesus' name we pray. Amen.

사순절 둘째주일

*제　목 : **하나님 품안에서의 삶***
찬송가 : 98장(복음송)
성　경 : 막 8 : 31-38

죠니라는 유치원 어린이의 이야기 한 토막이 있습니다. 어느날 미스 존스 선생님이 동물 흉내내기 게임을 하기 위하여 학급 어린이들을 잔디밭으로 데리고 나갔습니다. 선생님은 잔디위에 끈으로 커다란 원 하나를 만들고, 그 안에서 각자 좋아하는 동물을 골라 흉내 내도록 지시하였습니다. 다른 학생들은 모두 좋아하였지만 죠니만은 예외였습니다. 그리고는 "나는 공룡 흉내를 내니까 원안에 있을 필요가 없어요." 하면서 공룡시늉을 내며 복잡한 거리를 향하여 걸어 나갔습니다. 그러자 다른 친구들은 모두 죠니를 따라 나섰습니다. 학교 주변에는 그들을 안전하게 보호하여줄 울타리가 없었습니다 존스 선생님은 어떻게 하셨을까요?

그때에 선생님은 원 가운데 앉아 두 손으로 눈을 가리고 소리쳤습니다. "죠니, 선생님은 죠니를 보고 싶어요. 그러나 죠니가 원밖에 있기 때문에 볼 수가 없어요. 원안에서만 죠니를 볼 수 있어요." 그러자 죠니가 멈추어 생각하고, 마침내 원안으로 들어와, "선생님, 나는 원안에 있어요. 이제는 나를 볼 수 있죠?" 선생님은 죠니를 꼭 껴안아주며, "죠니, 선생님은 죠니를 보게되어 너무나 기뻐요." 다른 친구들도 모두 죠니를 따라 원안으로 돌아오고 계속 게임은 진행되었습니다. 이 이야기는 우리들로 하여금 하나님께서는 우리들이 하나님 품안에서 그의 뜻을 따라 살기를 원하신다는 것을 기억나게 하여 줍니다.

예수께서는 하나님 품을 결코 떠나지 않고, 십자가 위에서 피할 수 없는 고통과 죽음을 당할 때까지도 하나님께 충성히셨습니다. 예수님의 또 하나의 이름은 충성입니다.

기도 : 사랑의 주님, 우리는 오늘 주의 길을 좇아 주님 사랑의 품안에서 살 것을 굳게 약속하며 우리의 몸을 주께 드립니다. 예수님의 이름으로 기도드립니다. 아멘.

LENT 2

Living in the Circle of God
Hymn: Seek Ye First the Kingdom of God, No. 98 (Gospel Section)
Scripture Lesson: Mark 8:31-38

There is a story about a kindergarten youngster named Johnny. One day Johnny's teacher, Miss Jones, took her class outside for a game of imitating animals. She put a large circle of rope on the grass and asked her students to select and imitate their favorite animals within the circle. Everyone was having fun, except Johnny. He said, "I don't have to stay in the circle and do my dinosaur act." He headed toward the busy street imitating a dinosaur. The other children were about to do the same. There was no fence to keep them safely within the school boundary. What could Miss Jones do? She sat in the middle of the circle and covered her eyes with her hands and said, "Johnny, I want to see your dinosaur act but I can't because you are out of the circle. I can only see you in the circle." Johnny stopped and thought about it. Finally, he walked into the circle, stood next to his teacher and said, "Miss Jones, I am in the circle, and now you can see me." Miss Jones gave him a hug and said, "Johnny, I am so happy to see you." The rest of the children followed him back into the circle and continued their game while Miss Jones let out a sigh of relief.

This story reminds us that God wants us to live in God's circle according to God's will. Jesus never stepped out of it but remained faithful to God even when he faced the unavoidable suffering and death on a cross. Jesus' other name is Faithful.

Prayer: Dear God, we commit ourselves to live in your circle of love and follow your way today. In Jesus' name we pray. Amen.

사순절 셋째주일

*제　목 : **내 땅에 들어오지 마시오***
찬송가 : 157장(복음송)
성　경 : 요 4 : 5-42

다양한 인종들이 어울려 사는 모습은 우리가 사는 미국의 한가지 독특한 점입니다. 미국은 전 세계로부터 이민자들을 받아드렸습니다. 다인종이 함께 모여 산다는 현실은 우리에게 기회를 주기도 하지만 도전을 걸어오기도 합니다. 불행하게도, 소수민족의 투쟁은 오늘날의 문제이고 점점 극심해지고 있는 것 같습니다.

예수님 당시에, 특별히 유대인과 사마리아인들은 서로를 화합할 수 없는 원수로 보고, "내 땅에 들어오지 마시오"하면서, 서로를 서설하였습니다. 예수님께서는 그들 사이의 역사적 적대감을 잘 알고 계셨습니다.

그럼에도 불구하고, 예수님께서는 사마리아 땅을 지나 가셨습니다. 야곱의 우물가에서 한 여인을 만났을 때, 예수님은 공공연히 그 여인과 대화를 시작하였습니다. 그러한 예수님의 행위는 유대인들이나 사마리아인들에게 용납될 수 없는 것이었습니다. 그래서 사마리아 여인이 "선생님은 유대 사람인데 어떻게 사마리아 여자인 나에게 물을 달라고 하십니까?"하고 물었던 이유였습니다. 결국 예수께서는 그 여인을 과거의 생활로부터 해방시키고 완전한 새 삶을 주셨습니다. 더 나아가서 예수님은 그 여인의 동네의 많은 사마리아 사람들과 만나 하나님은 세상 만민을 차별없이 받아주신다는 복음을 전하셨습니다.

미국은 여러 민족들과 서로 조화를 이루며 살것을 아직도 배워야 합니다. 우리는 우리의 평화이신 예수님의 모습으로 우리에게 나타나신 하나님은 인종차별하지 않고 모든 하나님 백성들의 다양성을 사랑하시는 하나님이십니다.

기도 : 창조주요 구세주이신 사랑의 하나님, 우리가 서로를 용납할 수 있도록 하시고, 또한 모든 사람과 함께 융화하며 하나되어 살아가도록 가르쳐 주옵소서. 평화의 왕이신 예수님의 이름으로 기도합니다. 아멘.

LENT 3

Not in My Backyard
Hymn: Come to the Water, No. 157 (Gospel Section)
Scripture Lesson: John 4:5-42

One unique thing about our country is the diversity of people. Our country has received immigrants from all over the world. This multi-ethnic reality gave us both opportunities and challenges. Unfortunately, ethnic strife is a problem and seems to be on the rise today.

Such was the case during the time of Jesus, especially between the Jews and Samaritans who saw each other as irreconcilable enemies. They rejected each other with the "Not in My Backyard" slogan. Jesus was fully aware of the historical enmity between them.

Nevertheless, Jesus went through the land of Samaria. When he saw a Samaritan woman at Jacob's well, he started a conversation with her in public. Jesus' action was unacceptable to both the Jews and Samaritans. That is why the woman asked, "How is it that you, a Jew, ask a drink of me, a woman of Samaria?" Ultimately though, Jesus liberated her from her past and brought wholeness to her life. Furthermore, he shared with her Samaritan villagers the good news that God embraces all peoples.

Our country has yet to learn to live in harmony with one another. We need to learn the spirit of unity in diversity from Jesus who is our shalom (peace). After all, the God whom Jesus revealed to us is a God who is color-blind and yet who loves the diversity of all God's people.

Prayer: Dear God, our Creator and Redeemer, teach us to accept one another and live for the unity and harmony of all people. We pray in the name of Jesus, who is the Prince of Peace. Amen.

사순절 넷째 주일

제 목 : 실로 놀라운 은혜
찬송가 : 405장
성 경 : 요 3 : 14-21

저는 아시아 지역의 강가에 사는 한 노인의 이야기를 읽었습니다. 그 노인은 강기슭에서 방황하는 전갈을 발견하였습니다. 측은히 여겨 맨손으로 집어 물속에 넣어주었습니다. 그러나 전갈은 곧 땅위로 다시 올라왔습니다. 노인이 그 전갈을 다시 집어 들었을 때 전갈은 본능적으로 노인의 손을 독침으로 쏘았습니다. 노인은 통증으로 비명을 지르며 전갈을 집어 물속에 떨어뜨렸습니다. 어떻게 해서든지 그 전갈은 물에서 나와 땅을 향해 머리를 들었습니다. 노인은 그 전갈이 땅에서는 살지 못함을 알고 있었습니다. 그래서 전갈을 다시 집어 들었지만 더욱 심하게 또 쏘이고 말았습니다. 노인의 손은 피투성이가 되었습니다. 그러나 노인은 포기하지 않았습니다. 또 다시 계속해서 전갈을 집어 올릴 때마다 전갈은 그 노인의 손을 계속해서 쏘았습니다. 가까이서 보고 있던 젊은이가 마침내 노인에게 소리를 지르며, "그 어리석은 녀석이 노인의 노력을 고마워하지 않는군요. 그 녀석이 죽든 말든 노인의 몸이나 돌보세요." 라고 말했습니다. 노인은 부드러운 목소리로 "젊은이는 내 마음을 몰라요. 생명을 구제하는 것이야말로 내가 할 일이란 말이요."라고 응답했습니다.

이 노인은 다른 생물의 생명을 구하면서 많은 고통을 당하셨습니다. 예수님도 그랬습니다. 성경말씀은 우리들에게 "하나님이 세상을 이처럼 사랑하사 독생자를 주셨으니"라고 하셨습니다. 이 말씀은 예수님께서 직접하신 것입니다. 예수님께서는 자신을 하나님의 무조건적이고 완전한 사랑을 가장 효과있게 성취시켜 드릴 수 있는 제물로 여기셨습니다. 우리는 지금, "하나님이 독생자를 주셨다"라는 뜻은 우리들을 구원하시기 위하여 십자가 위에서의 당하신 고통과 죽음을 의미하게 되는 것임을 알게 됩니다. 진실로, 하나님의 다른 이름은 "놀라운 은혜!"입니다.

기도 : 하나님, 독생자 예수 그리스도를 주심으로 놀라운 은혜를 우리에게 보여주셨음을 감사드립니다. 예수님을 세상에 보내신 그 사랑을 감사함으로 받아드리며, 이제 우리의 생명을 주님께 바칩니다. 예수님의 이름으로 기도합니다. 아멘.

LENT 4

Amazing Grace Indeed!
Hymn: Amazing Grace, No. 405
Scripture Lesson: John 3:14-21

I heard a story about an old man at a river bank in Asia. He spotted a scorpion wandering around on the river bank. Out of his compassionate heart, he reached down and picked it up with his bare hands and put it in the water. But it came right back out on to the ground. When he picked it up again, the scorpion instinctively bit his hand. The man screamed with pain and dropped it in the water. For some strange reason, it came out of the water again and headed toward the land. The old man knew that it would not survive on the land. So, he picked it up again but got bitten with a bigger cut. Now, his hand was filled with blood. But, he would not give up. He persistently picked it up over and over again as the scorpion continued to bite him. A young man was watching nervously nearby. Finally, he yelled at the old man, "Sir, that dumb creature doesn't appreciate your effort. Just let it go and save your own life." The old man responded with a soft voice, "Thank you, but you don't understand. My job is to save!"

This old man suffered greatly while saving another living being. And so did Jesus. The scripture tells us that "God so loved the world that God gave God's only Son." These are the words spoken by Jesus himself. Jesus knew that he could offer himself as the fulfillment of God's perfect and unconditional love at its best. We now know that "God gave God's only son" meant suffering and death on the cross for our salvation. Truly, God's other name is Amazing Grace!

Prayer: Thank you, God, for showing us your amazing grace by giving your own son, Jesus Christ. We accept your love with gratitude. Now, we dedicate our lives to you in Jesus' name. Amen.

사순절 다섯째주일

*제 목 : **하나님께 드리는 헌신***
찬송가 : 71장
성 경 : 요 12 : 1-8

예수님께서는 그의 생애 마지막 주간에 예루살렘 근처 베다니에 있는 마리아, 마르다, 그리고 나사로의 집에 다시 머무셨습니다. 마르다는 예수님과 제자들을 위하여 저녁 준비를 했습니다. 그런데 마리아는 매우 값진 향유가 들어 있는 옥합을 가지고 왔습니다. 마리아는 그 향유를 예수님의 발에 붓고 그녀의 머리털로 예수님의 발을 닦았습니다. 그러자 가롯 유다는 마리아의 행동을 사치스런 낭비라고 책망하고, 그 향유는 삼백 데나리온(당시 노동자의 1년치 임금에 가까운 액수)에 팔아 가난한 사람들을 먹여야 한다고 말하였습니다.

예수님은 유다에게 침묵을 지키셨으며 마리아의 행위는 그녀의 사랑이 담긴 헌신으로 받으셨습니다. 첫째, 마리아는 가진 것 중에 가장 귀한 것을 택하여 예수님을 위하여 사용하였습니다. 둘째, 마리아는 향유를 예수님의 발에 붓고, 그녀의 머리털로 닦아 드렸습니다. 그래서 스스로 하인의 역할을 떠맡아 겸손한 봉사의 본을 보였습니다. 이와같이 우리도 하나님의 겸손한 일꾼으로 성실히 하나님과 세상에 봉사하도록 부름을 받았습니다. 세상에서 가장 값진 것은 우리의 최선을 다하여 하나님을 사랑하는 것과, 그와같은 사랑을 섬기는 자의 정신을 가지고 다른 사람과 나누는 것입니다. 오늘부터 시작합시다.

기도 : 사랑의 주님, 우리를 가르치사 우리로 상처입은 세상 가운데서 사랑을 실천하는데 너그럽게 하옵소서. 특별히 주님의 자비로 가득 찬 사랑을 필요로 하는 자들을 돌아보게 하옵소서. 예수님의 이름으로 기도합니다. 아멘.

LENT 5

Devotion to the Lord
Hymn: I Surrender All, No. 71
Scripture Lesson: John 12:1-8

During the last week of his life, Jesus once again stayed at the home of Mary, Martha, and Lazarus in Bethany near Jerusalem. Martha served dinner for Jesus and his disciples. Mary then came with an alabaster flask of very expensive perfumed oil. She anointed Jesus' feet with it and wiped them with her hair. Judas Iscariot rebuked Mary's wasteful extravagance and said that he could have sold it for 300 denarii (which would be nearly a year's wages for a laborer) and fed the poor.

Jesus silenced Judas and accepted Mary's gift as a tribute of her love. A couple of things about Mary's action are worth noting here. First, Mary took the most precious thing she possessed and spent it all on Jesus. She demonstrated for us that we need to show our love for God with nothing less than the absolute best of ourselves. Therefore, she inspires us to love God with our whole being. Secondly, she anointed his feet, not his head, with oil and wiped them with her own hair. She took upon herself the role of a servant and provided humble service. Likewise, we are called to be God's humble servants and serve God and the world in humility.

There is no greater honor than loving God with our best and sharing that same love with others in the spirit of servanthood. This world is in dire need of the people of God who can give and share Mary's extravagant love. Let us start today.

Prayer: Dear Jesus, we know that our love for you can be best expressed through our love for others. Teach us to be generous in showing our love in this hurting world, especially those who need to experience your grace-filled love. Amen.

종려주일

제 목 : 호산나
찬송가 : 132장
성 경 : 마 21 : 1-11

유월절이 되자 민족 축제에 참석하려는 순례자들이 세계 도처에서 예루살렘과 그 주변으로 모여 들었습니다. 온 성안에는 나사렛 예수에 대한 이야기로 가득찼습니다. 많은 유대 순례자들은 자기 나라가 로마 통치의 억압으로부터 해방되기를 바랐고 혹시 예수님이 그들의 바라는 메시야일 가능성이 있다는 생각도 하였습니다. 예전의 유월절 축제와는 달리 대단한 기대와 긴장감이 넘치는 분위기였습니다.

예수님은 전쟁에서 승리한 왕처럼 말을 타고 예루살렘에 입성할 수도 있었습니다. 그 대신, 예수님은 평화의 상징인 순박한 동물인 나귀를 타셨습니다. 복음서 기자는 대단히 큰 무리가 예수님 앞에 그들의 겉옷을 길에 펴고, 나무가지를 꺾어 길에 깔았다고 전하고 있습니다. 영웅을 맞이하듯 예수님을 환영하였고 이스라엘의 약속된 왕으로서 예수님을 찬양하였습니다.

군중들은 "호산나"하고 외쳤습니다. "만세"는 환영의 즐거운 함성인 것에 비하여 "호산나"는 "지금 구원하소서"라는 의미를 지니고 있습니다. "가장 높은 곳에 호산나"하는 것은 "구원을 향한 우리의 절규가 하늘에 계신 하나님께 들리게 하라"는 의미입니다. 예수님은 평화의 왕이요 만민의 구세주로서 거룩한 성에 입성하셨습니다.

바로 그 예수님께서 우리의 일상 생활속에, 각자 마음의 예루살렘 성에 들어오시기를 원하십니다. 이 겸손한 평화의 왕이 우리의 구세주로서 우리에게 오십니다. "호산나"하고 외칩시다. 주 예수여 오셔서 지금 구원하소서.

기도 : 존귀하신 하나님, 오늘 우리 마음의 예루살렘에 예수님께서 오심을 환영합니다. 예수님은 우리의 복되신 구원자시요, 평화이시기 때문입니다. 지극히 높은 곳에서 호산나, 복되시도다. 주의 이름으로 오시는 이여. 예수님의 이름으로 기도합니다. 아멘.

PALM SUNDAY

Hosanna!
Hymn: Hosanna, Loud Hosanna, No. 132
Scripture Lesson: Matthew 21:1-11

It was Passover, and Jewish pilgrims from every corner of the world gathered together in Jerusalem and its vicinity for this national festival. The talk of the town was Jesus of Nazareth. Many pilgrims hoped to see their nation liberated from the oppressive Roman rule and saw Jesus as their possible Messiah. Unlike previous Passover celebrations, the air was filled with great anticipation and tension.

Jesus could have chosen to enter into Jerusalem on a horse, like a warrior-king. Instead, he rode on a donkey, a humble animal symbolizing peace. The Gospel writer reports that a large crowd put their cloaks down before him and cut branches from the trees and spread them on the road. They gave Jesus a hero's welcome and praised him as the promised King of Israel.

The crowds shouted, "Hosanna!" Rather than a joyful cry of welcome like "Hail," hosanna means *save now*! "Hosanna in the highest heaven" may mean: *Let our cry for deliverance be heard even in the realm of God in heaven.* Jesus entered into that holy city as the Prince of Peace and the Savior of the World.

The same Jesus wants to come into our life—our own personal Jerusalem. This humble prince of peace comes to us as our Savior. Let us call out "Hosanna! Come Lord Jesus and save now!"

Prayer: Dear God, we welcome Jesus into our own Jerusalem today, for he is our blessed Savior and Shalom (peace). Hosanna in the highest. Blessed is the one who comes in the name of the Lord. Amen.

부활 주일

제 목 : 그는 살아나셨다
찬송가 : 2장(복음송)
성 경 : 눅 24 : 1-12

한 사람이 늦은 밤 공동묘지를 지나가다가 발을 헛딛어 그만 미리 파놓은 무덤 안으로 떨어졌습니다. 조금 전에도 한 사람이 이 무덤안으로 떨어졌었다는 것을 그는 몰랐습니다. 그는 무덤안 벽 주위를 만져보고 그곳을 빠져나가려고 애를 썼지만 아무 소용이 없었습니다. 그 때 갑자기 무덤안에 있는 그의 등 뒤에서 "너는 여기서 빠져 나갈 수 없어"라는 소리가 들려왔습니다. 그렇지만 그는 마침내 그곳을 빠져 나오고야 말았습니다.

예수님이 십자가에 못박히실 때, 예수님의 원수들도 틀림없이 "너는 여기서 빠져나갈 수 없어"라고 생각하였습니다. 십자가에 못박히신 예수님의 고통을 목격한 사람들은 그분의 완전한 죽음을 인정했습니다. 원수들은 기뻐하였지만 예수님의 동료들과 그를 따르던 추종자들은 실망이 매우 컸습니다. "무덤을 굳게 지켜라!" 대제사장들과 바리새인들은 보초를 세우고, 무덤 입구를 무거운 돌로 막아 버렸습니다. 어느 누구도 돌문을 깨뜨릴 수 없고 나올 수도 없게 되었습니다.

그렇지만, 예수님의 이야기는 그의 비극적인 죽음에서 끝나지 않았습니다. 한결같이 모든 복음서의 이야기들은 빈 무덤에 대하여 증언하고 있습니다. "예수님은 살아나셨다!" 어느 누구도, 이 세상 어떤 것도 예수님을 사망과 어둠의 권세에 묶어둘 수 없었습니다. 예수님은 하나님의 생명과 빛의 권세로 사망과 어둠의 사슬을 끊으신 것입니다. 예수님은 죽음에서 살아나셔서, 하나님의 사랑은 궁극적인 것이요, 영생은 지금부터 영원히 우리들에게 보장되였음을 세상 사람들에게 말씀하고 있습니다. 주님이 사셨기에 우리도 살 수 있습니다. 그러므로 모든 크리스챤들이여, 부활을 기뻐하고 기뻐하십시요!

기도 : 다시 사신 그리스도께서 오늘도 우리안에 살아계신 것을 감사드립니다. 다른 이들에게 부활을 전하므로 그들도 당신의 부활의 능력을 경험할 수 있도록 인도하옵소서. 영광스러운 예수님의 이름으로 기도합니다. 아멘.

EASTER

He Is Risen!
Hymn: He Is Lord, No. 2 (Gospel Section)
Scripture Lesson: Luke 24:1-12

A man who was walking through a cemetery late one night, took a wrong step and fell into an open grave. He did not know that sometime earlier another man had fallen into the same grave. He felt around the walls of the grave and tried to climb out but he could not quite make it. Suddenly, behind him in that open grave he heard someone say, "You can't get out of here." But he did.

Certainly at the Crucifixion, Jesus' enemies thought "You can't get out of here." Those who witnessed Jesus' suffering were resigned to the fact that he was dead. While his enemies rejoiced, his friends and followers were in total despair. The chief priests and Pharisees set a guard at the tomb, and sealed the heavy stone that closed the entrance. Now no one could break in or get out.

However, the story of Jesus does not end in his tragic death. All the Gospel stories report on the empty tomb. Jesus is risen! No one and nothing could lock him in the power of death and darkness. He broke the chain of death and darkness by God's power of life and light. Jesus rose from the dead to tell the world that God's love has the final say and that eternal life is ours to claim today and always. Because he lives we can live also. Therefore, rejoice, my fellow Christians, and be glad for you are the Easter people!

Prayer: Thank you God for the risen Christ who lives in us today. Help us to claim a bold faith as your Easter people and guide us to pass it on to others so that they too can experience your Resurrection power. In Jesus' glorious name we pray. Amen.

부활절 둘째주일

제　목 : 새로운 시작들
찬송가 : 3장(복음송)
성　경 : 요 20 : 19-29

사람들은 사도 도마가 예수님의 부활을 선듯 믿지 않았다는 이유로 "의심많은 자"라고 묘사합니다. 그러나 성급하게 그의 불신앙을 판단하지 말고 잠깐 입장을 바꾸어 생각하여 봅시다. 도마는 예수님을 사랑하였습니다. 나사로를 고치기 위하여 베다니로 가자고 예루살렘 도상에서 제의하시는 예수님의 말씀에 제자들은 주저하며 겁을 내었습니다. 그러나 도마는 "우리도 예수님과 함께 죽으러 가자"(요 11 : 16)고 말하였습니다. 그는 예루살렘에 가서 절박한 위험에 대처할만큼 그의 스승을 사랑하였던 것입니다. 그러나 예수님께서 십자가에 못박히실 때, 그가 꿈꾸며 기대하였던 모든 것들은 순식간에 사라져 버렸습니다. 그의 비탄과 슬픔은 그를 모든 사람들로부터 떨어져 은둔 생활을 시작하게 하였습니다. 그 결과 도마는 부활하신 후 그의 제자들에게 처음으로 나타나신 예수님을 목격할 수 없었습니다.

예수님께서 다시 나타나셨을 때 도마는 제자들과 함께 있었습니다. 예수께서는 도마의 마음을 아셨기에 반복하여 말씀하셨습니다. "도마야, 네 손가락을 이리 내밀어서 내 손을 만져보고, 네 손을 내 옆구리에 넣어 보아라." 고 말씀하시면서, 주님께서 자신의 부활을 증명하셨을 뿐 아니라 도마의 상한 영혼을 소생시키시고 새롭게 출발하게 하셨습니다.

사랑하는 성도들이여, 우리도 그리스도 안에서 새 출발, 즉 새 소망과 새 생명을 발견할 수 있습니다. 도마처럼 우리는 삶의 종말에 처할 수 있습니다. 건강과 사랑하는 이들, 직업과 어제의 젊음과 영광, 그리고 목숨까지도 잃어버릴 수 있습니다. 그러나 힘을 내십시요. 왜냐하면 부활의 주님이 우리들에게 새로운 출발을 주기 때문입니다. 주님안에서만 어제와 오늘, 그리고 내일이 있기 때문입니다.

기도 : 모든 것의 끝과 시작이 되시는 주님, 우리는 주님으로부터 끝없는 소망가운데 영원한 세상에서 살도록 부르심을 입은 부활의 사람들인 것을 잊지 말게 하소서. 다시 사신 예수님의 이름으로 기도드립니다. 아멘.

EASTER 2

New Beginnings
Hymn: Praise Him, Praise Him, No. 3 (Gospel Section)
Scripture Lesson: John 20:19-29

We often refer to the Apostle Thomas as "Doubting Thomas" because of his unwillingness to believe in Jesus' resurrection. But, wait! Let's not prematurely criticize his unbelief without the benefit of putting ourselves in his shoes. Thomas loved Jesus. When Jesus proposed going to Bethany to cure Lazarus and on to Jerusalem, the disciples were hesitant and afraid. But it was Thomas who said, "Let us also go, that we may die with him" (John 11:16). He loved Jesus enough to go to Jerusalem and face the imminent danger. But when Jesus was crucified, everything Thomas had treasured and hoped for came to a sudden end! He was enveloped with grief and sorrow, so he chose to seclude himself from everyone. Consequently, he missed the first appearance of Jesus to his fellow disciples.

When Jesus appeared to the disciples again, and Thomas was present, Jesus knew Thomas's heart. "Thomas, put your finger here and see my hands. Reach out your hand and put it in my side," Jesus stated repeating Thomas's own words. With these words Jesus not only proved his resurrection but revived Thomas's broken soul and gave him a new beginning.

Dear friends, in Christ we too can find new beginnings—new hope and new life. Like Thomas, we face endings all our lives: loss of health, loved ones, jobs, yesterday's youth and glory, and even our own life. But, be of good cheer for the Lord of Easter gives us new beginnings. In him there is yesterday, today . . . and tomorrow.

Prayer: Dear God of all endings and new beginnings, remind us that we are your Easter people whom you call to live in your eternity and unending hope. In Jesus' name we pray. Amen.

부활절 셋째주일

제 목 : "나를 사랑하느냐?"
찬송가 : 176장(복음송)
성 경 : 요 21 : 1-19

최근 특별한 혜택을 받아 저희 부부는 성지순례를 다녀올 수 있었습니다. 우리는 갈릴리 호수의 아름다움에 매혹되어 "은퇴후 그곳에서 살까?"하는 농담까지 하였습니다. 갈릴리에서 사역하셨던 주님을 생각하니 우리는 주님과 더욱 가까와짐을 느꼈습니다.

우리 일행들은 명상을 하기 위하여 갈릴리 호수가 근처에 세워진 예수님과 베드로 동상 주변에 모였습니다. 일행중 한 동료가 요한 복음 21장을 읽었습니다. 그녀가 읽은 말씀 모두가 우리들에게 특별한 의미를 주었습니다. 그녀가 "요한의 아들 시몬아, 네가 나를 사랑하느냐?"라고 읽을 때, 나는 마치 예수님이 내 옆에 오셔서 바로 나에게 "브랜든, 네가 나를 사랑하느냐?"고 질문하시는 것처럼 느껴졌습니다. 내 마음은 요한 웨슬레 목사님의 경험처럼 몸 전체가 뜨거워지고 그리스도에 대한 사랑으로 가득채워졌습니다. 나는 조용히 말하였습니다. "주님, 당신을 사랑합니다!"

주위를 돌아보니 나만 혼자 눈물을 흘린 것이 아니라 다른 일행들도 눈물을 흘리고 있었습니다. 아내와 나는 갈릴리 호수를 향해 걸으면서 그 차가운 물을 만져보았습니다. 나는 예수님 동상옆에 앉아서 호수를 바라보며 "내 양을 먹이라"는 주님의 음성을 듣는 베드로를 마음속에 그려보았습니다. 베드로는 분명 예루살렘에서 예수님을 모른다고 부인하였던 자신을 기억하였을 것입니다. 그러나 예수님은 베드로를 부끄럽게 하지 않으시고 다시 만나주심을 통하여 그에게 용기를 주시고 복음의 사도가 되도록 사명을 주셨습니다. 그것은 실로 하나님의 은혜입니다! 우리가 그러한 놀라운 은혜를 경험할 때, 우리는 전혀 전과 똑같은 사람이 아닐 것입니다.

기도 : 우리를 다시 한번 당신의 끝없는 희생의 사랑 안으로 불러 주시옵소서. 우리의 삶과 믿음을 회복시켜주신 당신의 놀라운 은혜에 대한 감사의 마음으로 채워가게 하소서. 예수님의 이름으로 기도합니다. 아멘.

EASTER 3

Do You Love Me?
Hymn: In Moments Like These, No. 176 (Gospel Section)
Scripture Lesson John 21:1-19

Recently my wife and I were privileged to visit the Holy Land. We both fell in love with the beautiful Sea of Galilee. We even joked about retiring there. We felt particularly close to our Lord as we recalled his ministry in Galilee.

Our group gathered around the metal statue of Jesus and Peter by the Sea of Galilee for meditation. One of our friends in the group read John 21. Every word she read brought special meaning to us all. When I heard her read, "Simon son of John, do you love me?" I felt as if Jesus was standing next to me and directing that question at me: "Brandon, do you love me?" Like John Wesley, my heart was strangely warmed and the love for Christ filled my whole being. With tears rolling out of my eyes, I said softly, "Lord, I love you!"

As I glanced around the group, I noticed that I was not the only one with wet eyes. My wife and I walked over toward the Sea of Galilee and touched the cold and refreshing water. I visualized in my mind Peter sitting next to Jesus overlooking the sea and hearing him say, "Feed my sheep." Peter must have remembered his own denial of Jesus at Jerusalem. Jesus did not put him to shame but used that opportunity to restore him and commission him to be an apostle of the gospel. That is grace! When we experience such an amazing grace, we will never be the same.

Prayer: Dear God, call us again to your agape love. Fill our days with the spirit of gratitude for your amazing grace that restores our lives and faith. In Jesus' name we pray. Amen.

부활절 넷째주일

제 목 : 선한 목자
찬송가 : 8장(복음송)
성 경 : 요 10 : 11-18

암탉과 돼지가 함께 여행을 떠났습니다. 한참후에 그들은 배가 고파져서 음식점을 찾기 시작하였습니다. 드디어 "햄과 계란 특식"이라는 간판을 내건 음식점에 도착하였습니다. 암탉은 들어가기를 원하였으나 돼지는 반대하였습니다. 암탉이 화를 내자 돼지는, "여보게 친구, 그 사람들은 자네에게 기껏해야 부분적인 헌신, 계란만을 요구하지만 내게는 전적인 몸의 헌신, 즉 내 살을 요구하고 있다구"라고 말하였습니다.

예수님의 이야기 속에서 삯군 목자라함은 부분적 헌신만을 하려는 사람을 뜻합니다. 그는 돈을 벌기 위해 삯군 목자로 일합니다. 만약 그의 생명이 사나운 짐승이나 도둑들에 의하여 위협을 받게 된다면 그는 자신을 보호하기 위하여 그의 양떼를 포기할 것입니다.

이에 반하여 선한 목자는 전적인 헌신을 베푸는 사람입니다. 선한 목자는 사명감을 지니고 태어난 사람입니다 그는 어린 나이에 양떼를 몰고 나갑니다. 양은 그의 친구들입니다. 그는 자신을 생각하기 전에 양들을 먼저 생각합니다 그는 어려운 일이 생겼을 때 자기 목숨을 내걸고 양떼를 보호할 것입니다.

예수님은 당신 스스로를 우리의 선한 목자라고 묘사하였습니다. 실로 주님께서는 우리를 위하여 당신의 목숨을 내 던지셨고 우리를 죄와 사망의 권세로부터 구출하셨습니다. 나의 친구되시는 여러분! 지금 당신이 가진 모든 것을 주신 그 선한 목자에게 드리는 여러분의 응답은 무엇입니까? 부분적인 헌신입니까? 아니면 온전한 헌신입니까?

기도 : 사랑의 주님, 우리를 선한 목자품안에 있는 양떼로 삼으신 것을 감사합니다. 우리로 하여금 주님을 따르고, 주의 삶의 도를 실천할 수 있도록 가르치소서. 예수님의 이름으로 기도합니다. 아멘.

EASTER 4

The Good Shepherd
Hymn: His Name Is Wonderful, No. 8 (Gospel Section)
Scripture Lesson: John: 10:11-18

The story is told of a hen and a pig that were traveling together. After a time they became hungry. They began looking for a restaurant. Finally they came to one that had a sign out front: "Ham and Eggs Special." The hen wanted to go in, but the pig refused. When the hen became upset, the pig replied: "Hey pal, it's easy for you because all they expect from you is a contribution—but from me they want total commitment."

The hired hand in Jesus' story is like the hen—one who makes only a contribution. He comes into the job as a hired shepherd to make money. If his life is threatened by wild beasts and robbers, he would abandon his flock to save himself.

On the other hand, the good shepherd is one who gives total commitment. A real shepherd is born to his task. He gets sent out with the flock at a young age; the sheep become his friends and companions; and he naturally thinks of them before he thinks of himself. He would risk his own life to save them in times of trouble.

In this light, Jesus described himself as our Good Shepherd. Certainly, he laid down his life for us and rescued us from the power of sin and death. Now, my friends, what would be your response to this Good Shepherd who gave us all? Contribution or total commitment?

Prayer: Dear God, thank you for making us the flock of the Good Shepherd. Teach us to follow him and his way of life. In Jesus' name we pray. Amen.

부활절 다섯째 주일

제　목 : 참 포도나무
찬송가 : 28장(복음송)
성　경 : 요 15 : 1-8

푸른 풀밭에서 야영을 하는 어느 목동의 우스운 이야기 한 토막이 있습니다. 아침을 요리하여야 할 시간이 되었는데도 그는 불을 피울 나무를 찾지 못하였습니다. 그러자 꾀가 많은 소년은 풀밭에다 불을 붙여놓고 불길위로 자기의 손잡이가 달린 남비를 들고 있기로 마음을 먹었습니다. 그런데 마침 바람이 불어 왔습니다. 목동은 남비를 붙들고 불길을 따라서 옮겨 갔습니다. 그의 생각은 적중하였습니다. 그러나 계란이 알맞게 익었을 때, 그는 그의 커피가 있는 곳으로 부터 3마일이나 떨어져 있게 되었습니다.

우리의 근시안적인 바램이나 잘못된 꿈들을 쫓아가는 것은 얼마나 쉽고, 또 그 후에 하나님으로부터 동떨어진 길로 벗어났다는 것을 깨닫는 일은 얼마나 우리에게 흔한 일입니까! 오늘날 우리의 삶속에서 우리들의 마음을 분주하게 하는 기분전환꺼리들이 참 많습니다. 수양회에서 친한 친구가 "주님 일에 바쁜 것은 주님에 대한 태만을 보충하는 것은 아니다."라고 말했습니다.

자신을 참 포도나무로 비유하시는 예수님께서는 우리를 그의 품안에 살도록 부르고 계십니다. "가지가 포도나무에 붙어있지 않으면 열매를 맺을 수 없는 것처럼, 너희는 내 안에 있지 않으면 살 수 없다"고 예수님께서 말씀하셨습니다.

참 포도나무이신 예수님 안에 산다는 것은 우리가 찾을 수 있고 즐길 수 있는 그 어느것 중에서도 가장 가치있고 영원히 계속될만한 관계를 맺는 것입니다. 우리는 크리스챤의 삶속에서 가끔 주의를 돌리거나 미지근한 반응을 보이는 것보다는 행동을 더 잘 해야 합니다. 우리는 항상 주님안에 거하여야 합니다. 마침내 예수님이 약속하신 풍요로운 삶은 우리가 모든 것의 근원이신 그분과 함께 사는 삶을 배우게 될 때 이루어질 것입니다.

기도 : 당신은 참 포도나무요, 우리는 가지임을 일깨워 주심을 감사드립니다. 우리로 하여금 우리 생애속에 거하시는 주님을 기뻐하고, 주의 영광을 위하여 많은 열매를 맺도록 도와 주시옵소서. 예수님의 이름으로 기도 드립니다. 아멘.

EASTER 5

The True Vine
Hymn: I Found a New Way of Living, No. 28 (Gospel Section)
Scripture Lesson: John 15:1-8

There is a humorous story about a cowboy who was camping out on the prairie. When it came time to cook breakfast, he could not find any firewood. Smart as he was, he decided to light the grass and hold his skillet over the flame. A wind came up, so he moved along with the fire—holding his skillet over it. This worked fine except that when his eggs were finally cooked, he was three miles from his coffee.

How easy it is to follow our shortsighted desires and false dreams, and then to realize we have strayed away from God! There are so many distractions in our lives today that keep our minds busy. At a retreat, a close friend of mine said, "Busyness in the Lord's work does not make up for neglect of the Lord."

Describing himself as the true vine, Jesus is calling us to abide in him. "Just as the branch cannot bear fruit by itself unless it abides in the vine, neither can you unless you abide in me."

Abiding in Jesus, the True Vine, is the most rewarding and everlasting relationship we could ever find and enjoy. We need to do better than giving him our sporadic attention and lukewarm responses in our Christian walk. We need to abide in him always! After all, the abundant life which Jesus promised is possible only when we learn to live in him who is our source of all things.

Prayer: Dear Jesus, we thank you for reminding us that you are the true vine and we are the branches. Help us to celebrate your abiding presence in our life and bear much fruit for your glory. Amen.

부활절 여섯째주일

*제 목 : **이것을 나누라***
찬송가 : 10장(복음송)
성 경 : 요 15 : 9-17

꼬마 에밀리가 가슴이 터질듯이 울며 집으로 뛰어들어 갔습니다. "무슨 일이 있니?" 아빠가 물었습니다. "내 인형이요! 오빠가 망가트렸어요!"하며 에밀리는 흐느꼈습니다. "에밀리, 오빠가 어떻게 하였길래 네 인형을 망가트렸니? 제가 인형으로 오빠 머리를 때렸거든요. 어이구 가엾은 우리 에밀리, 빌리, 그리고 인형, 모두 참 안되었구나!!"

무엇이 사람을 행복하게 만들어 주는지를 조사한 보고서들은 한결같이 밝히기를, 그들의 삶속에 사랑이 있는 자들이 가장 행복한 사람들이라고 말하였습니다. 인간의 본성은 우리 인간이란 그 생명이 사랑에 의하여서 양육되는 피조물이라는 것을 상기시켜 줍니다.

사랑이란 의심할 여지없이 우리를 향하신 하나님의 선물중의 하나입니다. 그럼에도 불구하고 사랑이란 결코 소유되는 것이 아닌 나누는 것임을 의미한다고 진리는 밝히고 있습니다. 예수님은 "나의 계명은 이것이니 내가 너희를 사랑한 것 같이 너희도 서로 사랑하여라."고 말씀하셨습니다.

그러므로 사랑을 나누는 것은 예수님이 우리에게 원하시는 것입니다. 에밀리와 그와 오빠 빌리의 경우처럼 귀엽지 않은 사람을 사랑하는 것은 쉬운 일이 아닙니다. 그러나 예수님은 우리들을 부르사 좀 더 사랑하라고, 좀 더 친절을 베풀라고, 그리고 다른 사람들을 위해 2마일을 좀 더 가라고 부탁하십니다.

친구들이여, 우리가 기도하는 마음으로 이러한 일들을 대하게 될 때, 다른 사람들과 사랑을 나눈다는 것, 더구나 마음에도 없는 사람과 사랑을 나눈다는 것이 가능하여지는 것입니다. 이 비밀은 "친구를 위하여 목숨을 버리신(13절)" 그리스도의 사랑의 눈으로 그들을 보는 것입니다.

기도 : 주님께서는 사랑으로 당신의 모든 피조물을 돌보아 주십니다. 우리에게 어떻게 사랑하여야 하는지를 가르쳐 주옵소서. 주위의 세상을 변화시킬 사랑의 행동을 하게 하소서. 예수님의 이름으로 기도드립니다. 아멘.

EASTER 6

Share It
Hymn: We Are One in the Bond of Love, No. 10 (Gospel Section)
Scripture Lesson: John 15:9-17

Little Emily ran into the house, crying as though her heart would break. "What's wrong dear?" asked her daddy. "My doll! Billy broke it!" she sobbed. "How did he break it, Emily?" "I hit him over the head with it," she answered. Poor Emily, poor Billy, and poor doll!

Every survey of what makes people happy shows that the happiest people are those who have love in their lives. Our basic human nature reminds us that we are basically the creatures whose lives are nurtured by love: We need to love and to be loved.

Love is undoubtedly one of God's greatest gift to us. And yet, the revealing truth is that love is never meant to be possessed but to be shared. It is in this spirit that Jesus said, "This is my commandment, that you love one another as I have loved you."

Therefore, sharing love is what Jesus wants us to do. Although, it is easier said than done. For example, it is not easy to love the unlovable, as was the case for Emily and her brother Billy. Yet, Jesus calls us to love a little more, show a little more kindness, and go the second mile for others.

My friends, when we think of it prayerfully, sharing love with others, even with those whom we consider less than desirable, is possible. The secret is to see them with the loving eyes of Christ who laid down his life for his friends (verse 13).

Prayer: God, you who care for all your creation with love, teach us how to love. Take our actions of love to turn the world around. In Jesus' name we pray. Amen.

부활절 일곱째 주일부터
오순절 열두번째 주일까지

저자 : 이 경 식 목사

From Easter 7 to Pentecost 12

Written by Kyungsig Samuel Lee

부활절 일곱째 주일

제　목 : 사랑의 선물
찬송가 : 160장(복음송)
성　경 : 시편 97, 요 17 : 20-26

"50달러를 선물로 주고 싶은데 수표로 줄까? 현금으로 줄까?" 풀리펜 할머니가 내게 물었습니다. 눈물이 나면서, 저는 감사한 마음으로 말했습니다. "받아도 되는 것인지 잘 모르겠어요." 저의 주저하는 모습을 보고 할머니는 "이것은 사랑의 선물일 뿐이예요. 사랑의 선물은 다른 사람에게 계속 전달하는 것이예요. 사랑의 선물을 다른 사람에게 전달하면 돌고 돌아 그 선물이 나에게 올 것 아니겠어요?"라고 말씀하셨습니다. 그 말씀에 큰 감명을 받고 나는 주저함없이 그 할머니의 50달러를 받았습니다.

저의 할아버지의 오랜 친구이셨던 엘리자벳 풀리펜 여사를 처음으로 만나, 저는 사랑에 대한 큰 교훈을 배웠던 것입니다. 그분은 벌써 80대 후반의 노인이셨습니다. 버스 터미널까지 마중나와 하루종일 디즈니랜드 관광도 시켜주고 제 인생에서 가장 좋은 순간을 경험시켜 주셨습니다. 게다가, 먹여주고 잠재워주고 이제 용돈까지 주셨던 것입니다.

"나도 모르는 그분이 무슨 이유로 나에게 그렇게 큰 친절과 사랑을 베풀었을까?"하고 경탄하였습니다. "그녀의 사랑을 왜 그런 식으로 표현하셨을까?" 그분을 만난 후로 거의 20년의 세월이 흘렀습니다. 그분이 돌아가신지도 오래 되었습니다. 그러나 그분께서 제게 전달하여 주셔서 시작된 사랑의 선물은 아직도 돌아가고 있음을 저는 믿습니다.

예수 그리스도를 통하여 하나님의 사랑이 이렇게 시작되어 아직도 돌아가고 있는 것입니다. 또한 나의 마음을 감동시켰던 것은 풀리펜 할머니 마음속에 있는 하나님의 사랑이였습니다.

기도 : 하나님, 사랑의 선물이신 예수님을 보내주셔서 감사합니다. 하나님의 사랑이 우리와 함께 머물게 하시어 주님의 이름이 우리의 이웃들에게 우리의 사랑을 통하여 전하여지게 하시옵소서. 예수님의 이름으로 기도합니다. 아멘.

EASTER 7

Gift of Love
Hymn: Pass It On, No. 160 (Gospel Section)
Scripture Lesson: Psalm 97; John 17:20-26

"I want to give you a gift of $50. Should I write a check or give it to you in cash?" asked Mrs. Flippen. Teardrops falling from my eyes, I said in gratitude, "I don't know whether I should take it." "It's only a gift of love," said she. "You pass your gift of love to other people, then your love will eventually come back to me." Inspired by her words, I took her $50 without hesitation.

I met Mrs. Elizabeth Flippen, a long-time friend of my great-uncle, for the first time, and learned this important lesson on love. She was in her late 80s. She picked me up the day before at a bus terminal, and even at her age spent the whole day with me at Disneyland. She helped me, a first timer on the mainland, experience one of the greatest times of my life. In addition, she housed me, fed me, and even gave me money. I marveled, "Why did she do that? She didn't even know me. Why would she express her love to me that way?" Since the time I met Mrs. Flippen, almost twenty years have passed. Although she died a long time ago, her gift of love is still in motion.

God's love through Jesus Christ has been set in motion as well. It was the love of God in Mrs. Flippen that also touched my heart.

Prayer: Thank you God for the gift of love, your Son Jesus Christ. May your love abide in us, so that your name will be known to all persons around us by the way we love them. Amen.

오순절 첫째 주일

제　목 : 사랑의 기쁨
찬송가 : 411장
성　경 : 시편 104 : 27-34, 35 하반절 ; , 요 14 : 8-17

우리가 누구를 사랑한다는 사실은 우리의 행동으로써 가장 잘 표현됩니다. 유행가 가수도 "당신은 나에게 꽃을 더 이상 가져다 주지 않고 있습니다." 라고 노래합니다. 이 노래에서 한 남자의 사랑은 애인에게 꽃을 전하여 주는 행동을 통하여 표현되며, 애인에게 꽃을 전하지 않을 때 그의 사랑도 끝이 난다고 생각됩니다.

여기에서 중요한 것은 우리의 사랑을 구체적인 행동으로 표현한다는 것입니다. 우리는 사랑하기 때문에 친구들과 부모님께, 배우자에게, 그리고 추도회때 꽃을 보냅니다. 물론, 꽃을 전함은 우리의 사랑을 표현할 수 있는 방법중의 하나입니다.

하나님은 우리의 사랑을 하나님께 표현하기를 원하십니다. 그러나, 하나님은 우리가 하나님의 계명을 지키되 의무감에서가 아니라 우리가 하나님을 사랑하기 때문에 즐거이 지킬 것을 원하시는 것입니다.

하나님의 계명을 지키는 것은 하나의 의무가 아니라 사랑으로부터 우러나오는 즐거움입니다. 사랑하는 이에게 꽃을 전하여줄 수 있다는 것은 우리의 즐거움입니다. 우리가 친구들이나 부모님에게 꽃을 드릴수 있을 때 기분이 좋습니다. 이것이 또한 하나님의 계명을 지킬 때의 우리의 마음이여야 합니다. 하나님을 사랑하기 때문에 하나님의 계명을 지킵니다. 하나님의 계명을 지키므로써 우리는 그 사랑의 기쁨을 다시금 경험하게 되는 것입니다.

기도 : 사랑의 하나님, 오늘 하루를 지날 때, 우리를 인도하셔서 하나님의 계명을 지킴으로써 하나님을 향한 우리의 사랑을 나타낼 수 있도록 하시옵소서. 사랑할 수 있는 마음을 허락하셔서 우리가 하나님과 우리 주위의 사람들을 사랑하지 않을 수 없도록 역사하시옵소서. 예수님의 이름으로 기도합니다. 아멘.

PENTECOST

Joy of Loving
Hymn: Jesus Loves Me, This I Know, No. 411
Scripture Lesson: Psalm 104:24-34, 35; John 14:8-17

Love is best communicated as we act it out. One popular singer sings about her lover not bringing flowers any more. In this song it is assumed that a man's love is expressed in bringing flowers to his lover, and that his love for her supposedly ceases when he stops bringing flowers to her.

What is important here is for us to express our love through our concrete actions. We give flowers to our friends, parents, spouses, even at memorial services because of our love for them. Giving flowers, of course, is just one of many ways we can express our love to others.

God wants us to express our love for God too. Yet, God does not want us to keep the commandments because we are ordered to, but because we love God. It was God who loved us even before we were able to love God.

Keeping God's commandments is not a duty, but a pleasure borne out of love. The experience of giving flowers to loved ones is a joyous one. We feel good when we can give flowers to our friends or to our parents. That is what it means to keep God's commandments. Because we love God, we keep God's commandments. By keeping God's commandments we will experience the joy of loving.

Prayer: Guide us, our loving God, through this day that we can express our love for you by keeping your commandments. Give us a loving heart, which is so alive that we cannot help but love you and others around us. In Christ's name we pray. Amen.

오순절 둘째주일

*제　목 : **진리의 성령***
찬송가 : 173장
성　경 : 시편 8, 요 16 : 12-15

“성령의 역사인지 아닌지를 내가 어떻게 압니까?” 목사로서 나는 이러한 질문을 자주 듣습니다. 어떤 사건을 보고 성령의 역사인지 아닌지를 분별하는 것은 매우 힘든 과제입니다. 그러나 성령의 역사인지 아닌지를 우리가 식별할 수 있는 어떤 공통된 지침들이 있습니다.

첫째로, 진리의 성령은 인간의 생명을 무엇보다 우선으로 합니다. 성경말씀은 우리의 생명을 하나님의 눈동자로 비유하며 그것을 우주의 무엇과도 바꿀 수 없는 것임을 가르치고 있습니다. 인간의 생명은 이 세상의 어떤한 재물, 또는 종교적 교리보다도 중요한 것입니다. 예수께서는 그당시 종교 지도자들이 어떤 종교적 전통과 관례를 사람들 앞에 세워놓았기 때문에 예수님까지도 그 당시의 종교적인 신앙형식을 범하셨습니다.

둘째로, 진리의 성령 체험은 개인보다 많은 사람들의 공익을 이룩합니다. 복음서의 메시지는 많은 사람들과 함께 나누어져야 된다고 하였습니다. 방언함은 한 사람에게만 제한된 경험이므로 많은 사람들에게 유익하지 못하다고 사도 바울이 주장하는 이유입니다. 기독교 신앙은 공동체의 신앙인 것입니다.

셋째로, 진리의 성령은 믿음을 행동으로 옮기게 하시며 좀 더 나은 변화를 이룩합니다. 행함이 없는 믿음은 지킬 의사없이 내뱉는 빈 약속이나 다를 바 없습니다. 진리의 성령은 신자들의 나쁜 습관이나 행동을 변화시킬 수 있습니다. 또 신자들에게 많은 사람들을 교화할 수 있는, 새로운 변화를 이룩할 수 있는 용기를 주시는 것입니다. 진리의 성령이야말로 사람들의 심령을 변화시키는 힘인 것입니다.

기도 : 우리의 하나님, 오늘 진리의 성령을 우리에게 주셔서 오늘 하루를 살 때에 우리로 하여금 더욱 더 큰 사랑을 할 수 있도록 인도하시옵소서. 예수님의 이름으로 기도드립니다. 아멘.

PENTECOST 2

The Spirit of Truth
Hymn: Come Thou Burning Spirit, Come, No. 173
Scripture Lesson: Psalm 8; John 16:12-15

"How do I know if it was the work of the Holy Spirit?" As a minister I am often asked this question. It is true that we may not be able to prove (or disprove) whether a certain event is inspired by the Holy Spirit or not. However, there is a common set of guidelines we can apply to help our discernment.

First, the Spirit of Truth always puts human life above all. The Bible teaches us that we are "the apple of God's eye," and that life cannot be exchanged even for the whole universe. Human life is more important than worldly possessions or any religious doctrines. Jesus even violated a set of religious laws of his time because religious leaders put certain religious tradition and practice before people.

Second, the experience of the Spirit of Truth is meant for the good of many people. The message of the gospel is meant to be shared with others. This is why the Apostle Paul said that speaking in tongues is not always helpful, for it is a limited experience of only one person. Christian faith is a communal faith.

Third, the Spirit of Truth enables persons to put their faith in action and to change for the better. Faith void of action is like promises made without the intention to keep them. The Spirit of Truth can help people change their bad habits and behaviors. It can give believers courage to try a new set of behaviors which can be edifying for many persons. The Spirit of Truth can change people's hearts.

Prayer: Our God, give us the Spirit of Truth today so that we may become more loving persons. Amen.

오순절 셋째주일

제　목 : 백부장의 믿음
찬송가 : 340장
성　경 : 시편 96편, 눅 7 : 1-10

"내가 너희에게 이르노니 이스라엘 중에서도 이만한 믿음은 만나보지 못하였노라 하시더라"(눅 7 : 9)).

로마 백부장의 믿음이 어떠하였기에 예수님은 이렇게 큰 찬사를 하셨을까? 그것은 백부장의 동정이였을까? 그는 그의 종의 생명까지도 귀중히 여겼으므로 유대인의 장로들과 친구들을 예수님께 보내어 그 종을 살려주기를 구하였습니다. 백부장은 진실한 종교인이요, 유대인 장로들까지도 그를 칭찬하였으므로 예수님도 그를 칭찬하셨을 것입니다(4－5절). 아니면 그것은 백부장의 겸손이였을까? 백부장이 예수님께, "주께서 내 집에 들어오심을 나는 감당하지 못하겠나이다."라고 말하였습니다. 이 같은 백부장의 자질들은 매우 중요합니다. 그러나 무엇보다도 더욱 중요한 것은 그가 예수님을 권위자로 알고 주님을 향한 믿음의 모습입니다. 백부장의 순종과 함께 이 믿음의 행위는 큰 칭찬을 받았습니다.

믿음은 기독교인의 삶의 가장 중요한 자질입니다. 순종과 함께 나타나신 우리의 믿음의 행위는 하나님의 이름으로 오시는 그리스도에게 기쁨으로, 순종함으로 나타납니다. 참으로 예수 그리스도는 우리의 주님이시고 우리는 그의 종들입니다. 우리의 믿음은 순종할 때 생깁니다. 때때로 이해가 안될 때도 있습니다. 그러나 예수님이 이적을 행하시므로 성경말씀은 우리가 예수님께 복종할 것을 요구합니다.

로마 백부장은 하인이 꼭 낫게될 것을 믿을 뿐이였고, 신뢰하면서 예수님께 "말씀만 하사 내 하인을 낫게 하소서."라고 간청하였습니다. 우리도 백부장과 똑같이 할 수 있을까요?

기도 : 우리는 겸손히 당신께 구합니다. 우리에게 동정심과 겸손함을 주시옵소서. 우리로 하여금 그 무엇보다도 예수 그리스도를 우리의 주님으로 알고 순종할 수 있는 용기를 주시옵소서. 주님의 이름으로 기도합니다. 아멘.

PENTECOST 3

Centurion's Faith
Hymn: 'Tis So Sweet to Trust in Jesus, No. 340
Psalm 96; Luke 7:1-10

"I tell you, not even in Israel have I found such faith" (Luke 7:9). What was it about the Roman centurion that prompted Jesus to give him this glorious compliment? Was it the centurion's compassion? The centurion so highly valued the life of his servant that he went to the trouble of sending Jewish elders and friends to seek out Jesus' help. Or perhaps Jesus commended him because he was a religious person and the Jewish elders spoke highly of the centurion (verses 4-5). Or was it the centurion's humility? He said to Jesus, "I am not worthy to have you come under my roof." All these qualities are important. But above all, the centurion recognized that Jesus was a man of authority and was willing place his faith in Jesus. This act of faith along with the centurion's obedience won the greatest compliment.

Faith is one of the most important qualities of the Christian life. Our act of faith along with obedience reflects our willingness to submit to the Christ who comes in the name of God. Indeed, Jesus Christ is the Lord and we are his servants. Our belief is borne out of obedience. Sometimes it even defies comprehension. Yet the scripture challenges us to obey Jesus, because he can certainly perform miracles.

The Roman centurion simply believed that his servant would be healed and said to Jesus, "only speak the word." Can we do the same?

Prayer: We humbly approach you, O God. Make us more compassionate and humble. Above all, give us courage and faith to obey Jesus Christ, our Lord, in whose name we pray. Amen.

오순절 넷째주일

제 목 : 불쌍히 여기시는 예수님
찬송가 : 478장
성 경 : 시편 146편, 눅 7 : 11-17

장례식을 마치고 나의 동료 목사는 무덤가를 걸으면서 비석판들을 읽었습니다. 그러다가 그는 어느 특별한 비석판에서 충격을 받았습니다. 기록된 날짜에 의하면 그 아기는 꼭 하루를 살았습니다. 그는 그 아기를 잃었던 부모님의 고통과 슬픔을 이해하려고 하였습니다. 9달 동안 아기를 배었을 때, 그 아기에 대한 큰 기대를 가졌다가 부모님은 그들의 희망과 꿈에서 깨어나야만 했습니다. 아기를 잃은 어머니의 고통을 어느 누가 상상할 수 있을까요?

나인의 과부가 외아들의 죽음을 슬퍼하고 있을 때, 예수께서는 그녀의 얼굴에서 이와같은 고통을 보았습니다. 예수님께서는 그 과부를 불쌍히 여기사 "울지말라"고 말씀하셨다고 성경은 우리들에게 말하고 있습니다. 예수께서는 위로의 말씀을 하셨을 뿐 아니라 기적을 베풀어 주셨습니다. 예수께서는 과부의 외아들을 죽음에서 일으키셨습니다.

예수님께서 그 과부의 무거운 짐을 보셨기 때문에, 그는 우리의 고통도 보십니다. 예수님은 보고 계실 뿐만 아니라 우리가 필요한 위로를 늘 공급해 주십니다.

기도 : 우리가 고통중에 있을 때 우리를 불쌍히 여기소서. 당신께서 우리를 항상 좋은 것으로 축복하신다는 사실을 이해할 수 있게 하시옵소서. 예수님의 이름으로 기도합니다. 아멘.

PENTECOST 4

Jesus—Full of Compassion
Hymn: Under His Wings, No 478
Scripture Lesson: Psalm 146; Luke 7:11-17

After conducting a funeral service, a minister friend of mine roamed quietly in the graveyard and read the plaques placed on gravesites. He was struck by one particular plaque. According to the dates recorded, the baby had lived only one day. My friend tried to understand the pain and sorrow of the parents who had lost their child. Having had the great expectations of their baby as the mother carried her for nine months, they had to let go of their hopes and dreams. Can anyone imagine the pain of the mother who lost her child?

Jesus saw this kind of pain on the face of the widow at Nain as she grieved the death of her child, her only son. The scripture tells us that Jesus had compassion on the widow and said "Do not weep." Jesus not only spoke words of comfort, but he performed a miracle—he raised the widow's son from the dead.

As Jesus saw the burden of the widow, he sees our suffering too. He not only sees, but always provides the comfort we need.

Prayer: You, O Lord, have compassion on us when we suffer. Help us understand that you always bless us with good things. In Jesus' name we pray. Amen.

오순절 다섯째 주일

제　목 : 용서하시는 사랑
찬송가 : 337장
성　경 : 시편 5편, 눅 7 : 36-8 : 3

어느 누구나 자신의 나쁜 행위를 공공연히 인정하는 것은 큰 용기를 필요로 합니다. 우리가 사는 사회에서 우리의 죄를 인정할 때 우리는 비판과 형벌을 받게 되는 기정 사실을 잘 알고 있으므로, 우리는 우리의 잘못을 숨기려고 합니다. 그 결과 많은 사람들은 죄책감을 가지고 살고 있는 것입니다. 그러나 그 죄책감은 면죄를 받지 않는 한 사라지지 않습니다. 개신교도들에게는 이상하게 보일지 모르나, 죄책감을 면죄하는 천주교의 예배의식이 교회안에서 가치가 있을 수도 있습니다.

우리 자신의 죄를 고백하는 것은 전체 그림의 한 부분에 지나지 않습니다. 성숙한 기독교인은 받을 자격없이 받은 그리스도의 큰 사랑을 경험하며 용서받는다는 것이 과연 무엇인지를 깨닫는 사람입니다. 죄가 크면 클수록 그리스도의 사랑을 더욱 더 크게 감사할 것입니다.

그리스도의 사랑을 경험할 때, 우리는 다른 사람들을 진실로 용서하는 것을 배웁니다. 다른 이들이 우리들에게 고통을 줄 때, 우리 자신이 더 이상 상처를 받지 않거나 무관심해진다는 것이 그리 흔한 일은 아닙니다. 오직 그리스도께서 용서받을 수 없는 우리임에도 불구하고 우리를 사랑으로써 용서하셨다는 사실을 우리는 잊을 수 없는 것입니다. 이 때에 우리는 의무가 아닌 그리스도의 사랑으로부터 다른 사람의 잘못을 용서하여 줄 수 있게 되는 것입니다.

기도 : 전능하신 하나님, 오늘 우리를 인도하셔서 당신과 함께 걷게 하소서. 우리의 언행과 태도속에 그리스도의 용서하시는 사랑이 깊게 담아진 것을 나타내게 하시옵소서. 예수 그리스도의 이름으로 기도드립니다. 아멘.

PENTECOST 5

Forgiving Love
Hymn: Pass Me Not, O Gentle Savior, No. 337
Scripture Lesson: Psalm 5; Luke 7:36-8:3

It takes great courage for anyone to admit his or her wrongdoings. In our society, admission of guilt often brings ridicule and punishment, therefore, we are prone to hide our mistakes. Many persons go on living with their accumulated feelings of guilt. But the guilt does not go away unless we can receive absolution. Strange as it may seem to Protestants, herein is the value of the Catholic Church's practice of granting absolution in the church.

The admission of guilt, however, is only a part of the whole picture. The mature Christian is the one who has experienced the undeserving love of Christ and understands what it means to be forgiven. The more serious our sins, the greater our appreciation for the love of Christ.

Having experienced Christ's love, we learn to truly forgive others. It is not so much that we no longer feel pain or that we are indifferent when others inflict pain upon us. We simply cannot forget the love of the One who forgave us when we knew so clearly that we did not deserve it. It is then out of love of Christ, not out of duty, that we can also extend our forgiveness to others.

Prayer: Almighty God, guide us today so that we may walk with you. In the words we speak, in the attitudes we carry, in the actions we take today, may the Christ's forgiving love be reflected. Amen.

오순절 여섯째 주일

*제 목 : **삶의 난장판***
찬송가 : 384장
성 경 : 시편 42편, 눅 8 : 26-39

우리는 매일 "하여야 할 일들, 만날 사람들, 가야할 곳들"의 목록으로 가득차 있는 삶을 삽니다. 그러나 왜 이러한 일들을 하는 것인지를 보지 못할 때, 우리의 삶은 가득차 있으나(fully-filled) 만족하지(fulfilled) 못하는 우리 자신의 모습을 발견하게 되는 것입니다. 이 가득차 있는 생활 방식은 혼동상태로 만들 수 있고, 중요하지 않은 일들에 우리들을 집중시키게 합니다. 예를들면, 내 책상위가 지저분할 때, 바로 그때가 책상에 앉아서 우선적인 일들을 재정리할 때임을 나는 알고 있습니다.

우리가 삶속에서 더 이상 관리할 수 없는 난장판을 경험할 때, 우리는 "군대"가 되고 맙니다. 귀신들린 사람처럼, 우리 자신속에 들려오는 수많은 목소리를 우리는 듣게 되며 사방으로 끌려다니는 경험을 하게 됩니다. 우리는 자신의 시간과 활동의 노예가 되며, 우리의 삶의 바른 방향을 지시할 수가 없습니다. 우리는 마치 6000명의 군인들이 6000곳의 방향으로 행진하는 것처럼 살고 있습니다. 혼돈상태가 우리의 삶을 지배합니다.

예수께서는 거라사인에게 삶의 지표가 될 질서를 주셨습니다. 예수안에서만 우리는 삶의 새로운 질서를 갖습니다. 나도 내 삶에 난장판이 있는지 묻습니다. 내 삶 어느 구석에 쓰레기와 고물들을 쌓아놓고 있지는 않는지? 그렇다면, 예수님께 도움을 청하십시요. 예수님께서는 기꺼이 우리의 삶에 질서와 방향을 제시해 주십니다.

기도 : 질서의 하나님, 오늘 제 삶의 방향과 목적을 주시옵소서. 내 속에 깨끗하지 못한 영들을 쫓아내시옵소서. 예수님의 이름으로 기도드립니다. 아멘.

PENTECOST 6

Clutter in Life
Hymn: A Mighty Fortress Is Our God, No. 384
Scripture Lesson: Psalm 42; Luke 8:26-39

We live each day filling ourselves with "things-to-do, persons-to-meet, and places-to-go" lists. Yet, when we loose sight of why we do these things, we become fully-filled but never fulfilled. This fully-filled lifestyle can become chaotic and cause us to concentrate on things that are not important. For example, when clutter overtakes my desktop, I know it is that time to sit down and re-order my priorities.

When life brings clutter we cannot control, our name becomes Legion. Like the demon possessed man, we hear many voices within us and our life is pulled in so many directions. We become slaves of our own time and activities and are unable to order our life. We go on as if 6,000 soldiers were marching in 6,000 directions. Chaos rules our life.

Jesus gave the man of Gerasa a new order by which to live. In Jesus we too have a new order of living, Do voices of clutter cause chaos in your life? If so, ask Jesus for help. He is willing and waiting to give order and direction to our life.

Prayer: O God of order, give me the direction and purpose during this day. Cast out the unclean spirits within me. In Jesus' name I pray. Amen.

오순절 일곱째 주일

제 목 : 도시로 돌아감
찬송가 : 484장
성 경 : 눅 9 : 51-62

1992년 4월29일에 있었던 로스 앤젤스 폭동후에 많은 교회와 사람들이 음식과 옷을 공급하여 주며, 타버려 재만 남은 건물과 길거리를 청소하기 위하여 헌금까지 하였습니다. 그렇게 많은 사람들이 돕기를 원했습니다, 벌써 몇년 전, 로스 앤젤스에서 부유한 교외로 이사간 부자 아주머니가 구제사업을 지시하고 있는 옛 친구 목사에게 전화를 하였습니다. "내가 무슨 도움을 줄 수 있을 까요?"하고 그 여인은 물었습니다. 도시의 문제와 좌절감을 몸소 경험했을 때, 그 목사는 심각한 목소리로 응답하였습니다. "도시로 다시 이사오실 수 있겠어요?"

예수님의 사역에서 가장 궁극적인 도전은 예루살렘 도시로 입성하시는 것이였습니다. 도시는 교육과 종교와 정치의 중심이며, 범죄와 타락이 범람하는 곳이였습니다. 어쨌던, 예수님은 그곳으로 갔습니다. 예수님을 따라 도시로 입성함에는 큰 위험이 따랐습니다. 그래서 많은 사람들은 이러한 궁극적인 위험을 보았을 때, 도중하차를 하였을 것입니다.

도시로 돌아간다는 것이 우리들에게 무엇을 요구하는 것일까? 나는 물질적 풍요함에 정착하려는 내 자신을 볼 때마다, 이 질문을 던집니다. 하나님은 육체적으로 도시로 돌아감을 우리들에게 요구하시는 것이 아니라, 어디에 있든지간에 상처입은 사람들에게 손을 뻗혀서 복음으로 위로할 것을 요구하십니다.

기도 : 측은히 여기시는 하나님, 오늘 당신과 함께 걸을 수 있는 힘을 주셔서 상처받고 도움을 필요로 하는 사람들을 향하여 당신의 치유하는 사랑을 들고 도시로 돌아가는 삶을 살 수 있도록 하시옵소서. 주님의 이름으로 기도합니다. 아멘.

PENTECOST 7

Going Back to the City
Hymn: Are You Weary? No. 484
Scripture Lesson: Luke 9:51-62

After the Los Angeles riots of 1992, many churches and persons responded by providing food and shelter and even offering to clean up the streets and the remains of burned down buildings. So many people wanted to help. One woman who had moved out years ago to an affluent suburb of Los Angeles called her minister friend who was directing one of the relief efforts. "What can I do to help?" she asked. Having experienced the problems and frustrations of the city, he cried out, "Can you move back to the city?"

The ultimate challenge in Jesus' ministry was to go to the city, the city of Jerusalem. This city, which was the center of education, religion, and politics, was also the place where corruption and crimes abounded. Yet, Jesus went there anyway. Following Jesus to the city was a risky business. Many would-be followers dropped out when they saw this ultimate danger.

What will it require of us to move to the city? I ask this question whenever I find myself wanting to settle down in the comfort of material well-being. God may not ask us to physically move to the city, but God does require that we reach out to hurting people with the gospel, wherever they might be.

Prayer: Compassionate God of my life, give me strength to walk with you today to the places where people are hurting and in need of your healing love. Amen.

오순절 여덟째 주일

제　목 : 미시오 데이
찬송가 : 271장
성　경 : 시편 30편, 눅 10 : 1-11, 16-20

"이 목사님은 하나님께서 목회자로 삼기 위하여 부르셨음을 어떻게 아셨나요 ? " 때때로 목사가 되었으면 하는 젊은 학생들에게 질문을 받습니다. 나는 모세가 보았던 불꽃속에서 타지않는 가시덤불을 본 적이 없습니다. 그러나 하나님께서 나를 부르셨던 사실에 대한 확신감이 있습니다. 내가 의심이라도 좀 생기면, 다른 구체적인 경험들이 목회자로서의 나의 결정을 확신시킬 때 그 의심들이 사라져 버립니다.

나는 하나님께서 모든 기독교인들을 추수할 일꾼으로 쓰심을 믿습니다. 이것이 야말로 종교 개혁자 마틴 루터의 신조이기도 하였습니다. 우리가 목사이던, 평신도이던 상관없이 하나님께서는 우리를 사역자로 삼으셔서 복음을 전파하러 우리를 세상에 보내시는 것입니다.

하나님은 사람들의 특별한 필요때문에 하나님의 사자들, 예언자들, 그리고 일꾼들을 보내십니다. 저명한 독일의 신학자는 말하기를 설교자는 한 손에 성경, 또 한 손에 신문을 쥐고 설교한다고 말한 이유인 것입니다. 우리의 믿음과 세상 사이에는 밀접한 관계가 있음이 틀림 없습니다.

"미시오 데이"는 라틴어로서 "하나님께서 우리를 세상으로 보내신다."는 뜻입니다. "내가 누구를 보낼꼬? 누가 우리를 위하여 갈 것인가 ? " 하나님은 오늘도 우리에게 물으십니다. "여기에 내가 있나이다. 나를 보내소서." 이사야 선지자의 응답이였습니다. 하나님께서 우리를 보내시고자 하는 그곳으로 오늘 우리도 갈 수 있을까요 ?

기도 : 오 하나님, 제게 여러가지 방법으로 말씀하시는 하나님이심을 제가 압니다. 오늘을 살며 도움을 필요로 하는 사람들을 만날 때, 예수 그리스도의 이름으로 그들을 섬기고 도울 수 있도록 하시옵소서. 예수님의 이름으로 기도드립니다. 아멘.

PENTECOST 8

Missio Dei
Hymn: Here Am I, Send Me, No. 271
Scripture Lesson: Psalm 30; Luke 10:1-11, 16-20

"Reverend Lee, how did you know that you were called to the pastoral ministry?" Young Korean American students often ask me this question as they also consider the possibility of becoming ordained ministers. God did not show me a sign comparable to the literal "burning bush" of Moses, but I had a clear conviction that God called me to the ministry. If I had any doubts, they were cast out as other experiences confirmed this decision.

I believe God calls every Christian to be God's laborer. This was one of the most important beliefs of Martin Luther, the protestant reformer. Whether we are an ordained minister or not, every Christian is called to be a minister—sent out into the world to spread the gospel.

God sends God's messengers, prophets, and workers because of the specific needs of people. Perhaps, this is why an eminent German theologian said that the preacher preaches with the Bible on one hand and the daily newspaper on the other hand. There must be the direct relationship between our faith and our world.

Missio Dei in Latin means that *God sends* us into the world. "Whom shall I send, and who will go for us?" asks our God. "Here am I; send me!" was the prophet Isaiah's response. Can we also go where God sends us today?

Prayer: O God, I know that you speak to me in many different ways. As I meet persons in need, may I minister to them today in the name of Jesus Christ. Amen.

오순절 아홉째 주일

제　목 : 분리하는 담벽
찬송가 : 526장
성　경 : 시편 82편, 눅 10 : 25-37

특별한 소수민족을 목표삼아 미워하는 특유의 범죄 사건들이 결정에 달하였습니다. 우리 모두가 인간 공동체의 한 원 안에 속해 있음을 깨닫지 못함은 불행한 일입니다. 이것을 우리는 피할수가 없습니다. 우리는 공동의 운명과 공동의 고민들을 나눕니다. 우리가 어떤 그룹의 다른 민족을 미워하면, 우리는 우리 자신들에게 상처를 주고 있는 것입니다. 세계는 불이 붙은 한 기선과 같습니다. 기선의 앞에서 불이 나타고 있는데 "우리는 뒤에 있기 때문에 안전하지. 염려할 필요가 없어!"하는 것은 언어도단의 일입니다. 배의 한 쪽이 타면 우리의 운명도 좌우되는 것입니다. 배 전체가 우리의 무관심과 함께 가라안고 있는 것입니다.

우리가 속한 원들은 소수민족이나 종교단체 때문에 모두 겹쳐있습니다. 이 근본 진리를 확신할 때, 우리는 인간 사이에 담을 쌓지 않고 인류를 위한 공동 비젼을 설립할 수 있는 것입니다. 우리가 대면하는 한 사람, 한 사람을 내 형제자매로 볼 수 있을 때, 비로소 새로운 날이 가능합니다. 그 새로운 날에, 비유속의 레위인과 제사장처럼, 우리는 다른 곳으로 건너가지 않고 그리스도의 사랑을 가지고 서로 나란히 걸어갈 것입니다.

기도 : 오 하나님, 우리를 도우셔서 이 사회의 많은 사람들을 분리하는 담들을 헐어 주시옵소서. 그들이 모두 우리의 이웃임을 보게 하소서. 예수님의 이름으로 기도드립니다. 아멘.

PENTECOST 9

Walls that Divide
Hymn: In Christ There Is No East or West, No. 526
Scripture Lesson: Psalm 82; Luke 10:25-37

Hate crimes targeting specific ethnic communities have reached their peak. It is unfortunate we do not realize that all of us belong to a circle of common humanity. This we cannot escape. We share a common destiny and common struggles. When we hate a group of people, we are hurting ourselves. The world is like a ship on fire. One section of the ship is burning, but we say, "Hey, that's on the other side of the ship. I don't have to worry about it." But the whole ship is sinking with our apathy.

The circles to which we belong because of our ethnic or religious associations overlap. Our affirmation of this fundamental truth will provide a common vision of humanity, without having to build the walls that divide ourselves from others. A new day dawns only when we see the face of our brother and sister in every man and woman. In that day we will not cross over to the other side—as the Levite and the priest did in the parable—but walk beside one another with the love of Christ.

Prayer: Help us, O God, to break the walls that separate many peoples in this society. Help us to see that they are our neighbors. Amen.

오순절 열번째 주일

*제　목 : **한가지만***
찬송가 : 81장
성　경 : 시편 52편, 눅 10 : 38-42

"한가지만이라도 족하니라. 마리아는 이 좋은 편을 택하였으니." 예수님은 마르다의 흐트러진 마음을 위로하기 위해 이 말씀을 하셨습니다. 그때 여동생 마리아는 예수님 옆에 앉아 그의 가르침을 듣고 있었습니다. 예수님은 마리아처럼, 하나님의 말씀을 듣는 것이 가장 중요하다는 것을 마르다로 하여금 깨닫기를 원하셨습니다.

하나님의 말씀을 듣는다는 것은 예수께서 누구시라는 것을 깨닫는다는 것을 의미합니다. 예수님은 마르다에게 섬김을 받으러 오신 것이 아니라 그녀를 섬기러 왔다고 생각할 수도 있습니다. 오늘의 성경말씀에서 예수님은 오히려 초청받은 손님이 아닌 주인으로서, 마르다와 마리아가 와서 주님의 말씀을 듣고 제자가 될 것을 바라시는 것입니다. 하나님의 말씀을 듣는다는 것을 또한 인류를 향한 헌신의 깊이가 더욱 더 깊어짐을 뜻합니다. 인류를 향한 헌신의 깊이는 예수님의 생애와 가르침에 잘 나타나 있습니다. 말씀으로 은혜받을 때, 헌신의 결단이 생기게 됩니다.

"한가지만이라도 족하니라"고 예수님은 말씀하십니다. "우리는 더 좋은 것을 택하였습니까?" 이것은 오늘 우리에게 주어진 큰 도전입니다.

기도 : 오 하나님, 오늘도 우리에게 주어진 많은 과제들이 있습니다. 많은 사람들을 만나 많은 역할을 감당할 때, 우리를 도우셔서 우리를 대면하는 사람들이 참으로 살아있는 생명임을 깨닫게 하옵소서. 그들의 필요와 원함에 맞추어 우리가 그들을 진정 섬길 수 있게 하시옵소서. 그리스도 안에서 섬기는 삶을 살 수 있도록 능력을 주시옵소서. 예수님의 이름으로 기도드립니다. 아멘.

PENTECOST 10

Only One Thing
Hymn: How Sweet the Name of Jesus Sounds, No. 81
Scripture Lesson: Psalm 52; Luke 10:38-42

"There is need of only one thing. Mary has chosen the better part." Jesus spoke these words to comfort Martha's distracted mind, while her sister, Mary sat near Jesus and listened to his teachings. Jesus wanted Martha to realize, as Mary did, that listening to the Word of God was of utmost importance.

Listening to the Word of God means that a person grows in his or her understanding of the significance of who Jesus is. Jesus came to serve Martha, so to speak, and not just to be served by her. He was the host who extended his invitation for Martha and Mary to become disciples. Listening to the Word of God also means that a person grows in depth of his or her commitment to the interest of humankind. This commitment was so clear in the life and teaching of Jesus.

"There is need of only one thing." Have we chosen the better part?

Prayer: There are many daily demands put upon us, O God. As we meet many persons, we play different roles and try to do our best in meeting others' expectations of us. Help us to see through these roles that we play, that these are real, living persons with needs and wants and that we can truly serve them. Enable us to live the life of servanthood in Christ. Amen.

오순절 열한번째 주일

제 목 : 우리에게 기도를 가르치소서
찬송가 : 98장(복음송)
성 경 : 시편 85편, 눅 11 : 1-13

예수님이 제자들에게 가르쳐주신 기도는 오늘날 우리가 모범적인 기도로 사용하는 것입니다. 이 기도의 모형은 하나님에 대한 존경과 용서, 그리고 다른 것들 가운데서 하나님의 뜻을 우리에게 가르칩니다. 그러나 가끔 우리의 기도는 이러한 속성들을 포함하지 않고, 그대신, 잘못된 동기들과 천한 욕망들을 포함하고 있습니다.

첫째로, 우리는 하나님에게 과거로 돌아가거나, 역사를 다시 써달라고 요청할 수 없다는 것을 명심합시다. 이미 일어난 사실은 과거의 일이요, 우리는 그 과거에 집착해서는 안됩니다. 우리는 하나님의 도움과 함께 우리의 장래로 나아가는 것을 배워야 합니다.

둘째로, 우리는 어떤 사람을 해치기 위해 기도할 수는 없습니다. 심한 경쟁자인 두 가게 주인에 대한 이야기가 있습니다. 두 가게는 서로 길 건너편에 있어서 주인들은 매일 문앞에 앉아서 서로의 장사를 지켜보고 있었습니다. 누구든 손님을 맞으면 상대를 생각하고 승리의 미소를 지었습니다. 어느날 밤에, 천사가 한 주인의 꿈에 찾아왔습니다. "하나님께서 나를 보내사 당신에게 한가지 교훈을 말해주라고 하셨어요. 하나님께서 당신이 구하는 모든 것을 다 주실 것이나 당신이 원수로 여기는 건너편 가게 주인은 두 배로 받게 될 것입니다." 꿈을 꾸는 가게 주인은 실망한 표정으로 잠시 생각하더니, "좋습니다. 제 기도는 이것입니다 : 제 눈 하나를 멀게 치시옵소서!"

마지막으로, 우리가 직접 이룩할 수 있는 것들을 하나님께 기도로 구해서는 안됩니다. 하나님은 우리의 꼭두각시가 아닙니다. 우리가 오히려 하나님의 손과 발이 되어야 할 것입니다.

우리가 하나님께 기도할 때, 하나님의 뜻이 이루어지도록 늘 기도합시다. 시편 85 : 12에서 "여호와께서 좋은 것을 주시리니"를 우리들에게 약속하셨기 때문입니다.

기도 : 오 하나님, 오늘 하루에도 나의 언행심사를 통하여 하나님의 뜻이 이루어지게 하시옵소서. 예수님의 이름으로 기도합니다. 아멘.

PENTECOST 11

Teach Us to Pray
Hymn: Seek Ye First, No. 98 (Gospel Section)
Scripture Lesson: Psalm 85; Luke 11:1 13

The prayer that Jesus taught his disciples is one that we can use as our prayer model today. This model teaches us about reverence for God, forgiveness, and the will of God among other things. However, some times our prayers do not include such attributes, but instead contain wrong motivations and mean-spirited desires.

First, let's keep in mind that we cannot ask God to go back and rewrite history. What happened already is a thing of the past, and we should not cling to it. We need to learn with God's help to move on to our future.

Second, we cannot pray to harm someone. The story is told of two shopkeepers who were bitter rivals. Their stores were across the street from each other, and they would spend each day sitting in the doorway, keeping track of each other's business. If one got a customer, he would smile in triumph at his rival. One night, an angel appeared to one of the shopkeepers in a dream and said, "God has sent me to teach you a lesson. God will give you anything you ask for, but whatever you get, your competitor will get twice as much." The man frowned, thought for a moment, and said, "All right, my request is this: Strike me blind in one eye!"

Last, we should not ask God in prayer to do what we can do ourselves. God is not our puppet. We instead should be God's hands and feet.

As we offer our prayers to God, let us always remember to pray that God's will be done because Psalm 85:12 tells us that "the Lord will give what is good."

Prayer: During this day, O God, may your will be done in what I say and do. Amen.

오순절 열두번째 주일

제　목 : 복권 당첨
찬송가 : 256장
성　경 : 시편 107편, 눅 12 : 13-21

"모든 탐심을 물리치라. 사람의 생명이 그 소유의 넉넉한데 있지 아니하니라." 본 요절 말씀을 명상하며 나는 내 자신의 모습을 보고 웃었습니다. 나도 억만장자가 되고 싶은 꿈이 있음을 깨달았기 때문입니다. 미국에 사는 우리들은 복권으로 유혹하는 우편물을 받고 있습니다. 내가 그 복권 추첨권을 되돌려 부쳤더니, 천만달러, 백만달러, 또는 십만달러 당첨의 기회가 있다는 여덟개의 번호가 담긴 증서를 보내왔습니다. 당첨될 것을 소원하면서, 나는 그 여덟개의 번호가 적힌 그 증서를 오랫동안 보관하였던 것입니다.

우리가 하나님을 믿던, 믿지 않던 간에 우리는 이 사회로부터 소유의 넉넉함을 통하여 비로소 행복한 삶을 살 수 있다는 신조를 계속 주입받고 있습니다. 내가 복권 당첨권을 보관하고 있었던 것도 그 신조로 샀던 하나의 표시였습니다.

그러나 예수님은 우리들이 하나님 안에서 부하게 살도록 격려해 주십니다.
즉 우리의 영적 생활이 부해져서 다른 이들에게 축복이 될 수 있는 기회를 놓치지말라고 하십니다. 젊은 한 청년이 길거리를 지나가다 주차장에서 10달러 지폐를 주웠습니다. 그후로 그는 돈을 줍기 위해 땅만 보며 살았습니다. 40년 세월이 지나는 동안 그는 더 이상 돈을 줍지 못했을 뿐만 아니라 밝은 태양빛을 잃고 살았고, 친구들의 미소, 새들의 지저귀는 소리, 꽃과 나무들의 아름다움, 푸른 하늘을 저버리고 인류를 섬길 기회 또한 잃고 살았습니다. 진정, 인생은 우리의 소유보다 더 중요한 것임에 틀림없습니다.

기도 : 오 하나님, 오늘밤, 우리의 생명이 끝이 난다면 우리는 떳떳한 청지기로서 주님 앞에 나아갈 수 있겠습니까? 나를 도우셔서 내가 간직한 물질들을 현명하게 쓰게 하시옵소서. 예수님의 이름으로 기도드립니다. 아멘.

PENTECOST 12

Seek the Kingdom
Hymn: O Light Up Your Eyes Unto Bright Skies, No. 256
Scripture Lesson: Psalm 107; Luke 12:13-21

"Be on your guard against all kinds of greed; for one's life does not consist in the abundance of possessions." I laughed at myself as I meditated upon this verse because I found that I also have the "caviar dreams and champagne wishes." I am getting the Publishers Clearing House Sweepstakes entry forms. When I mailed them in, they sent me eight numbers that may qualify for either ten million, one million, or a hundred thousand dollars. Wishing for that winning chance, I kept the stub with those eight numbers.

All of us, whether Christian or not are bombarded and literally brainwashed with the thesis that life consists of the abundance of possessions. My keeping the lottery stub was an indication that I, too, bought into that thesis.

However, Jesus encourages us to be rich toward God—rich in our spiritual lives so that we do not miss opportunities to be a blessing to others. There is the story of a young man who once found $10 in a parking lot. This young man spent the next forty years of his life with his eyes to the ground looking for money. Not only did he not find any more money, but with his eyes to the ground he lost the glories of the sunlight, the smiles of friends, the songs of the birds, the beauty of flowers and blue skies, and the opportunities to serve his fellow human beings. Life is clearly more than what we possess.

Prayer: If our lives were to end tonight, O God, would I be prepared to give a good account of my stewardship? Help me, O Lord, so that I may use my resources wisely. Amen.

오순절 열세번째 주일부터

추수감사절까지

저자 : 오 혜 식 목사

From Pentecost 13 to Thanksgiving

Written by Heisik Oh

오순절 열세번째 주일

제　목 : 하나님을 닮은 자
찬송가 : 405장
성　경 : 엡 4 : 31-5 : 2

1948년, 그러니까 한국에서 6·25동란이 일어나기 바로 2년 전에, "여수, 순천 반란사건"이 있었습니다. 한국의 남쪽에 있는 전라도의 여수와 순천에서 공산당원들이 폭동을 일으켜 많은 사람들을 죽였습니다.

그 때, 그 곳에, 존경받던 손양원 목사님이 계셨습니다. 손목사님은 그 곳에서 아내와 아들 둘 네 식구가 단란한 가정생활을 하고 계셨습니다. 그 때 공산당원이 그 교회를 습격하여 손 목사님의 두 아들을 무참하게 총살하였습니다. 졸지에 두 아들을 순간적으로 잃어버린 목사님과 사모님은 슬픔에 잠겨서 두 아들의 살인자를 위해 기도할 뿐이였습니다. 손목사님은 두 아들을 죽인 그 공산당원의 죄를 용서하고 친아들로 양자삼아 예수 그리스도를 구세주로 영접하게 하셨습니다.

손양원 목사님은 참으로 하나님을 닮은 자였습니다. 에베소서 4 : 31에서, "너희는 모든 악독과 노함과 분냄과 훼방하는 것을 버리라."고 하였습니다.

하나님을 모르는 자들은 악한 마음을 품고 남을 해치고 화를 잘 내며, 남을 미워하고 살인하기도 합니다. 그러나 하나님을 닮은 자들은 인자한 마음으로 남을 불쌍히 여기며 해치는 자들을 용서하는 마음을 갖습니다. 우리가 용서할 수 있는 것은 오로지 예수 그리스도를 통해서만 가능합니다. 우리가 예수 그리스도의 마음을 닮을 때, 모든 사람과 우리를 해치려는 사람들까지도 용서할 수 있습니다.

기도 : 사랑의 하나님! 악독과 미움을 버리고 사랑의 마음만을 가지게 하옵소서. 원수까지도 용서하는 하나님을 닮은 자들이 되도록 예수님의 이름으로 기도드립니다. 아멘.

PENTECOST 13

The Imitator of God
Hymn: Amazing Grace, How Sweet the Sound, No. 405
Scripture Lesson: Ephesians 4:31–5:2

In 1948, two years right before the Korean War, there was a Yosu-Sunchon Rebellion. Communists ran riot in Yosu and Sunchon, the southern part of South Korea, and killed many people there.

There's a well-known story told about Yang-Won Sohn, a respectable pastor in Korea during the time of the rebellion. Reverend Sohn had lived happily with his wife and his two sons until some communists attacked his church and shot his two sons to death. Reverend Sohn and his wife grieved the sudden death of their sons, and prayed for their sons' killer. Reverend Sohn forgave the sins of the communist who killed his two sons and even adopted him as his own son. Reverend Sohn led his adopted son to receive Jesus Christ.

Reverend Sohn was really "The Imitator of God." In Ephesians 4:31, we read, "Get rid of all bitterness, rage and anger, brawling and slander, along with every form of malice" (NIV).

The people who do not know God, hold rage, anger, and hatred and murder their neighbors. But the imitators of God have mercy and forgive those who hurt them. It is only through Jesus Christ that we can forgive.

Prayer: Loving God! Help us to get rid of bitterness and hatred from our mind and have only a loving mind. Let us be the imitators of God who forgive all our enemies. In the name of Jesus, we pray, Amen.

오순절 열네번째 주일

제 목 : 감사의 기도
찬송가 : 342장
성 경 : 엡 5 : 15-20

여기에 새롭게 발견한 감사의 조건들이 있습니다. 우리의 병에서 치료하여 주심을 감사합니다. 오 주여, 감사합니다.

하나님과 가깝게 느끼게 해주심을 감사합니다. 오 주여, 감사합니다.

우리의 가정문제를 해결해 주심을 감사합니다. 오 주여, 김사합니다.

우리의 삶속에서 때때로 허탈하고 힘들게 느끼고 문제가 있음을 감사합니다. 당신만을 믿어야 함을 깨닫게 하시므로, 오 주여, 감사합니다.

불의와 허위가 판치는 시대에 살게 하심을 감사합니다. 하나님의 의를 분명히 볼 수 있으므로, 오 주여, 감사합니다.

오 주여, 감사할 수 있는 마음을 주심을 감사합니다. 그것이 으뜸가는 축복이므로. 오 주님, 시와 찬미로 주님을 찬양합니다.

기도 : 영원하신 하나님, 어떠한 환경에서도 하나님께 늘 감사하게 하옵소서. 우리에게 주시는 모든 조건들 속에서 주님의 뜻이 무엇인가를 이해하게 하옵소서. 예수님의 이름으로 기도드립니다. 아멘.

PENTECOST 14

A Litany of Gratitude

Hymn: Simply Trusting Everyday, No. 342
Scripture Lesson: Ephesians 5:15-20

We are grateful when you heal us of our sicknesses.
O Lord, we are grateful.

We are grateful when we feel close to God.
O Lord, we are grateful.

We are grateful that you can solve our family problems.
O Lord, we are grateful.

We are grateful for empty feelings, for hardships, and problems in our life, for they help us to realize that we must trust in you.
O Lord, we are grateful.

We are grateful for living in this unrighteous and false world, for we can see God's righteousness.
O Lord, we are grateful.

O Lord, we are grateful for giving thanks to you, for it is a great blessing. We praise you, O Lord with hymns and psalms.

Prayer: Eternal God, let us give thanks to you in any circumstances. Let us understand God's will in all the conditions you give us on earth. In the name of Jesus, our Lord, we pray. Amen.

오순절 열다섯번째 주일

*제 목 : **너희는 나를 누구라 하느냐?***
찬송가 : 93장
성 경 : 마 16 : 15-20

예수께서 제자들을 향하여, "너희는 나를 누구라 하느냐?"고 물으실 때, 시몬 베드로는 "당신은 그리스도시요, 살아계신 하나님의 아들이니이다."라고 대답하였습니다. 이 영적인 발견은 위대한 신앙고백입니다. 크리스챤으로서, 우리는 날마다 살때 베드로의 고백을 되풀이 할 수 있습니다.

우리의 짐이 무거울 때, 예수님은 어떤 분입니까? 예수님은 우리의 짐을 대신져 주십니다. 우리가 외로울 때, 예수님은 우리의 친한 친구가 되십니다. 우리가 마음상할 때, 예수님은 치유의 능력으로 우리에게 위로를 주십니다. 우리의 결정을 평가할 표준이 필요할 때, 예수님은 우리의 표준이 되십니다. 어떤 이들은 "예수님은 나의 삶의 표준이라"고 말했습니다. 예수님은 나의 삶이 바른 삶인지, 그른 삶인지를 대어볼 수 있는 좋은 표준이십니다. 삶의 가치를 재는 예수님의 기준은 사랑과 진리와 의로움입니다.

"너희는 나를 누구라 하느냐?"고 주님이 나에게 물으실 때, 베드로의 고백이 나의 고백이여야 합니다. "주는 그리스도시요, 살아계신 하나님의 아들이니이다."

기도 : 살아계신 하나님, 주님이 나와 동행하시는 살아계신 하나님의 아들임을 믿습니다. 예수님의 이름으로 기도합니다. 아멘.

PENTECOST 15

Who Do You Say I Am?
Hymn: Jesus Is All the World to Me, No. 93
Scripture Lesson: Matthew 16:15-20

"Who do you say I am?" When Jesus asked his disciples this question, Simon Peter responded, "You are the Messiah, the Son of the living God." This spiritual discovery is a great faith confession. As Christians we can repeat Peter's confession as we live from day to day.

Who is Jesus when we are burdened? Jesus takes our burdens. When we are lonely, Jesus becomes our close friend. When we feel hurt, Jesus gives us comfort with his healing power. When we need a gauge by which to measure our decisions, Jesus is our standard. His measurements are based on love, truth, and righteousness.

Peter's confession must be our confession. Jesus is indeed "the Messiah, the Son of the living God."

Prayer: Living God, I believe that Jesus is the son of the living God and is walking with me. In the name of Jesus, we pray. Amen.

오순절 열여섯째 주일

제　목 : 자기 십자가를 지고
찬송가 : 519장
성　경 : 마 16 : 24-26

1990년대 초에, 흑인 가정에서 태어난 랠프라는 소년은 13살 때, 어머니가 세상을 떠났습니다. 임종하기 전에 그의 어머니가 "랠프야, 아무리 괴로와도 하나님만을 의지하고 믿음을 지켜라. 늘 희망을 가져라."고 당부하셨습니다. 어머니가 돌아가신 후에, 아버지는 재혼하여 이사나가 랠프를 떠났습니다. 그후 그는 아버지를 다시는 만나보지 못하였습니다. 신앙심이 깊은 랠프의 할머니는 랠프와 그의 여동생을 돌보아 주셨습니다.

할머니와 함께 사는 동안 랠프는 언제나 어머니의 유언을 마음에 새겨 두었습니다. 나중에 그는 유명한 외교관, 교육자, 그리고 정치학자가 되였습니다. 1950년에, 랠프 제이 번치(Ralph J. Bunche)가 된 그는 흑인으로서 최초로 노벨평화상을 받았습니다. 그는 아랍과 이스라엘 싸움에서 사격정지를 중재한 것으로 인정 받았습니다. 그 어려움속에서 랠프는 자기 십자가를 지고 자기 인생을 하나님께 맡기고 주님의 십자가만을 바라보고 용기와 희망을 가지고 살았습니다.

기독교 신앙은 우리들에게 언제나 용기와 소망, 그리고 새로운 삶의 능력을 주십니다. 믿음은 우리 기독교인의 여정에서 참으로 중요한 것입니다. 하나님께서 주신 우리의 십자가를 기쁨으로, 감사함으로 지기만 하면, 하나님은 우리의 믿음 보시고 우리를 죄에서 구원하시고 축복하여 주십니다. 살아계신 하나님은 우리의 손을 붙들고 우리를 선한 길, 의의 길로 반드시 인도하십니다. 이런 삶을 살기 위해서는 우리 생각, 우리 뜻대로 사는 것이 아니라 우리는 자신을 부인하고 전적으로 하나님께 맡겨야 합니다. 그리고 우리의 십자가 지고 주님을 따라야 합니다.

기도 : 살아계셔서 우리의 인생을 주관하시는 하나님의 은혜를 감사드립니다. 우리의 삶 전체를 하나님의 인도하심에 맡기며 따릅니다. 예수 그리스도의 이름으로 기도 드립니다. 아멘

PENTECOST 16

Rely on God
Hymn: Are Ye Able, No. 519
Scripture Lesson: Matthew 16:24-26

Ralph, born in the early 1900s, was thirteen-years-old when his mother died of tuberculosis. It is believed that just before she died, she encouraged him to rely on God and keep the faith. After her death, his father remarried, moved away, and left Ralph. He never saw his father again. Ralph's grandmother, a deeply religious woman, took care of him and his younger sister.

While living with his grandmother, Ralph always kept the last words of his mother in mind. He later became a notable diplomat, educator, and political scientist. In 1950 Ralph, who was Ralph J. Bunche, was the first African American awarded the Nobel Peace Prize. He was recognized for mediating a cease fire in the Arab-Israli conflict. In the midst of difficulties, Ralph lived his life with courage and hope.

The Christian faith gives us courage and hope, and the ability of new life. Faith is indeed important to our Christian journey. If we take up the cross God gave us, with joy and thanksgiving, God willingly saves all of us from sins and blesses us fully. God takes our hand personally and leads us to the good and righteous way. In order for this to happen, we must deny ourselves, rely on God and not our will and our thought, and follow our Lord.

Prayer: We give you thanks for your grace upon our life. We follow you, relying our whole life upon you. In the name of Jesus Christ, we pray. Amen.

오순절 열일곱번째 주일

*제　목 : **한 여인의 믿음***
찬송가 : 344장
성　경 : 막 7 : 25-30

더러운 귀신들린 어린 딸을 둔 한 여인이 예수님 발 앞에 간절한 마음으로 엎드려 귀신을 내쫓아 줄 것을 간청하였습니다. 수로보니게 족속인 그 이방 여인은 예수님이 딸의 병을 고쳐주실 것을 확신했습니다. 주님으로부터 "자녀의 떡을 취하여 개들에게 던짐이 마땅하지 않다"는 모멸스러운 말을 들어도 그녀는 조금도 상심하지 않고 "개들도 제 주인의 상에서 떨어지는 부스러기를 먹나이다."라고 말하면서 딸을 대신하여 계속해서 예수님께 간청하였습니다. 이러한 응답은 여인의 큰 믿음을 보여 주었습니다. 이 여인처럼 간절한 믿음, 모든 굴욕을 참는 인내의 믿음, 그리고 사랑의 믿음이야말로 확실히 큰 믿음입니다. 이 여인의 믿음보시고 예수 그리스도는 딸의 병을 고쳐 주셨습니다.

이 여인처럼, 우리가 이러한 큰 믿음을 가질 때, 우리는 하나님의 능력을 체험할 수 있습니다. 치유의 기적은 현실속에서 나타날 수 있습니다.

헬렌 켈러는 보지 못하고 말하지 못하고 듣지 못하는 삼중고로 고생하였지만 하나님의 능력을 믿는 신앙으로 고난을 창조적인 삶으로 변화시켜 후세대에 위대한 정신적 유산을 남겼습니다.

하나님을 믿는 돈독한 신앙은 하나님의 은총과 사랑을 통하여 어떠한 어려움도 승리의 삶으로 변화시킬 수 있습니다.

기도 : 전능하신 하나님의 은총으로 불가능을 가능하게 하여 주심을 믿고 감사하며 예수님의 이름으로 기도드립니다. 아멘.

PENTECOST 17

A Woman's Faith
Hymn: Down in the Valley With My Saviour I Would Go, No. 344
Scripture Lesson: Mark 7:25-30

A woman whose little daughter was possessed by an evil spirit came to Jesus and begged him to drive the demon out. This woman, a Gentile of Syrophoenician origin, was convinced that Jesus could heal her daughter. Even though Jesus responded with words that appeared to be harsh—"It is not fair to take the children's food and throw it to their dogs"—the woman continued her plea on her daughter's behalf. "Even the dogs under the table eat the children's crumbs," responded the woman. This response demonstrated the woman's great faith. Jesus saw her faith and healed her daughter.

Like the woman, when we have this kind of great faith, we can experience God's power. The miracle of healing can become a reality. Faith in God can change our difficulties into the victories.

Prayer: Almighty God, thank you for changing the impossibility into possibility with your grace. In the name of Jesus, we pray. Amen.

오순절 열여덟번째 주일

제 목 : 용서하는 마음
찬송가 : 204장
성 경 : 마 18 : 21-35

예수님의 수제자 베드로가 예수님께 나와 "형제가 내게 죄를 범하면 몇번이나 용서하여 주면 됩니까? 일곱번까지 하오리까?"하고 물었습니다. 예수님의 대답은 "일곱번 뿐 아니라 일흔번씩 일곱번이라도 하라"였습니다.

예수님의 대답은 하나님의 백성들이 따라야 하는 실례를 들어 말씀하신 것입니다. 그리고 하나님 나라를 설명하시면서 "천국은 그 종들과 회계하려 하던 어떤 임금과 같으니"라는 비유를 들어 천국의 모습을 설명하여 주셨습니다. 하나님 나라는 하나님의 임재를 생각하는 영원한 세계와, 지금 여기의 현실속에서 하나님 나라가 이루어지고 있는 두 가지로 생각할 수 있습니다. 하나님 나라의 백성들은 하나님의 은혜와 사랑에 감격하여 하나님을 찬미하는 사람, 그 마음에 기쁨과 평화와 사랑이 충만한 사람입니다. 그러므로 천국백성에게는 원수가 없습니다. 우리는 사랑으로 충만해야 하며, 원수나 우리에게 잘못한 사람들을 미워해서는 안되고, 그들을 용서해야 합니다. 죄로 말미암아 죽을 수 밖에 없었던 우리들이 하나님의 독생자 예수 그리스도를 통하여 용서받았기 때문에 다른 사람들을 기꺼히 용서해야함을 우리는 기억해야 합니다.

비유에서의 용서받은 하인이 자기 동료를 용서하지 않은 것처럼 해서는 안됩니다. 용서받은 자가 용서하는 것은 당연합니다. 일흔번씩 일곱번이 아니라 한계없는 용서와 사랑을 실천해야 합니다. 일곱번 뿐 아니라 필요한대로 자주 용서해야 합니다.

기도 : 우리의 죄대신 십자가 위에서 죽기까지 우리를 사랑하신 주님! 우리에게 잘못한 자들을 용서할 수 있는 힘을 주시옵소서. 예수님의 이름으로 기도드립니다. 아멘.

PENTECOST 18

A Forgiving Mind
Hymn: Blessed Assurance, No. 204
Scripture Lesson: Matthew 18:21-35

Peter came to Jesus and asked, "Lord, if another member of the church sins against me, how often should I forgive? As many as seven times?" Jesus answered by saying a person should forgive seventy-seven times (seventy times seven in some translations).

Jesus' response is an example that the people of the God should follow. We should be filled with love and not hate our enemies or those who wrong us, but forgive them. We must remember that since we were forgiven by Jesus Christ, we too must be willing to forgive others. Let us not be like the forgiven servant in the parable, who did not forgive his fellow man. Instead, let us practice unconditional forgiveness and love—not just seven times, but as often as it is needed.

Prayer: Loving Lord, who died on the cross for our sins, give us the strength to us forgive those who have wronged us. In the name of Jesus, we pray. Amen.

오순절 열아홉번째 주일

제　목 : 하나님 포도원의 일꾼
찬송가 : 370장
성　경 : 마 20 : 1-16

포도의 계절, 어떤 주인이 포도원에서 일할 일꾼을 얻으려고 이른 새벽 6시에 나갔습니다. 그는 일꾼들과 하루 품삯을 한 데나리온으로 정하고 그들을 포도원으로 데려왔습니다. 한 데나리온은 그 당시 군인이나 품꾼들의 하루치 품삯입니다. 주인은 9시쯤에 장터에 다시 나가서 할일없이 서있는 사람들에게 포도원에 가서 일하기를 원하였습니다. 또 주인은 오후 3시, 그리고 5시에 다시 장터에 나가서 일꾼들을 불러왔다고 본문 말씀은 우리들에게 말해줍니다.

일꾼들에게 품삯을 지불할 저녁때가 되었을 때, 주인은 모든 일꾼들에게 똑같은 품삯을 주었습니다. 모든 사람들에게 똑같이 품삯을 지불했을 뿐만 아니라, 마지막에 고용된 일꾼들에게 먼저 품삯을 지불했습니다.

이 비유에서 우리는 무엇을 배울 수 있습니까? 첫째로, 여기서 포도원 주인은 하나님, 포도원은 천국, 포도원에 초청받은 일꾼들은 우리들 자신입니다. 하늘나라에 초청받아 하나님을 위해 일할 기회를 가졌으니 얼마나 감사합니까? 우리가 얼마나 오래 일하였는지는 문제가 안됩니다. 중요한 것은 우리가 하나님의 초청을 받아 하나님 나라를 위해서 사역에 동참하고 있다는 것입니다.

일꾼들의 올바른 태도는 일한 시간이 중요한 것이 아니라 열심히 일한 질적인 충성이요, 초청에 대한 감사입니다. 포도원 일꾼의 비유는 "나중된 자로서 먼저되고 먼저된 자로서 나중된다"는 교훈을 우리들에게 줍니다.

기도 : 전능하신 하나님, 하늘나라에 초청하여 주셔서 감사합니다. 늘 감사와 열심으로 하나님께 충성하게 하옵소서. 예수님의 이름으로 기도드립니다. 아멘.

PENTECOST 19

Workers in God's Vineyard
Hymn: Work, for the Night Is Coming, No. 370
Scripture Lesson: Matthew 20:1-16

A landowner went out early at 6 o'clock in the morning to hire men to work in his vineyard. He agreed to pay them a denarius for the day and brought them to the vineyard. At that time, a denarius was one day's pay for a solider or a worker. The scripture lesson tells us that the landowner went into the marketplace again at 9:00, Noon, 3:00 and 5:00 to hire workers.

That evening when it was time to pay the workers, the landowner paid the same wages to all the workers. Not only did he pay everyone the same, but he paid first those who were hired last.

What can be learned from this parable? First, the landowner symbolizes God, the vineyard symbolizes the kingdom of heaven, and the invited workers represent humankind. How thankful we should be to have the opportunity to work for God. It does not matter how long we have been working. What matters is that we accept God's invitation to be in ministry for the kingdom.

Prayer: Almighty God, thank you for inviting us to heaven! Let us be loyal to God with enthusiasm and gratitude. In the name of Jesus, we pray. Amen.

오순절 스무번째 주일

제　목 : 그리스도 예수의 마음
찬송가 : 93장
성　경 : 빌 2 : 1-8

1800년대 중반에, 촬스 로링 브레이스(Charles Loring Brace) 목사님은 사회복지사업의 개척자였습니다. 그는 아동자선협회를 창설하여, 대부분의 그의 생애를 고아들과 함께 일하면서 보냈습니다. 1890년에 그가 별세했을 때, 그동안 그가 30만명의 어린이들을 도와주었다고 한 유력한 사회학자가 평하였습니다. 이 고아들중에서 주지사나 판사와 같은 위대한 지도자들이 많이 배출되였습니다.

브레이스 목사님이야말로 그리스도 예수의 마음을 지닌 사람이였습니다. 예수님은 하나님 자신이신데, 하늘 보좌를 버리시고, 인간의 모습으로 이땅에 내려오셔서 종의 형체로 철저히 낮아지셨습니다. 그리스도 예수님의 마음은 순종과 사랑, 즉 희생적인 사랑, 무조건적인 사랑입니다. 오늘의 성경말씀은 "자기일을 돌아볼 뿐 더러 또한 각각 다른 사람의 일을 돌아보아"라고 우리들에게 권하고 있습니다. 브레이스 목사님은 예수님의 순종과 사랑을 닮은 자입니다.

주님의 십자가 사건으로 구원받은 우리들도 그리스도 예수님의 성품인 겸손과 순종, 희생과 사랑을 본받아 삶속에서 행함으로 실천하여야 합니다. 그리스도 예수님은 자신이 낮아지셔서 십자가 위에서 죽기까지 순종하셨습니다.

기도 : 종의 모습으로 겸손하게 이 땅위에 오신 주님, 우리도 그리스도 예수의 마음을 품게 하옵소서. 예수님의 이름으로 기도합니다. 아멘.

PENTECOST 20

The Nature of Christ Jesus
Hymn: Jesus Is All the World to Me, No. 93
Scripture Lesson: Philippians 2:1-8

Reverend Charles Loring Brace was a trailblazer in social welfare during the mid 1800s. He founded the Children's Aid Society and spent most of his life working with orphans. When he died in 1890, it is believed that he had assisted over 300,000 children. From this group of children emerged a large number of great leaders such as governors and judges.

Reverend Brace had the nature of Christ Jesus. The nature of Christ Jesus is obedience and love—a sacrificial love and unconditional love. The scripture lesson exhorts us to "look not to your own interests, but to the interest of others." Reverend Brace was an imitator of this obedience and love.

We too must imitate the nature of Christ Jesus by being obedient, humble, and concerned about others. Christ Jesus humbled himself and became obedient to death—even death on the cross.

Prayer: O Lord, who came to this world as a humble servant, let us have the nature of Christ Jesus. In the name of Jesus, we pray. Amen.

오순절 스물한번째 주일

제　목 : 푯대를 향하여
찬송가 : 402장
성　경 : 빌 3 : 12-14

1979년 10월 27일, 평신도 때 교회에서 철야기도하는 가운데 하나님께로부터 부름받고 20년 동안의 천직으로 생각했던 영문학 교수의 생활을 순간적으로 포기하였습니다. 그리고 하나님의 인도하심 따라, 사랑하는 남편과 4남매를 서울에 남겨두고, 미국 남가주에 있는 클레어몬크 신학대학원으로 인도되어 신학석사, 목회학박사 학위를 마친 후 연합감리교회에서 목사 안수를 받고, 여성 목회자가 되였습니다. 곧 이어 하나님께서 남편도 종으로 부르셔서 같은 신학내학원에서 신학석사, 목회학박사 학위를 마치고 목사 안수를 받았습니다. 그래서 저희 부부는 연합감리교회에서 한인 첫 부부목사가 되였습니다. 저희 부부는 과거의 성공적인 세상일을 포기했습니다. 우리는 한국에서의 과거의 삶을 잊어버리고 그리스도를 나의 인생의 목표삼아 종으로 불러주신 부름의 뜻을 향하여 감사함으로 충성합니다.

바울 사도는 우리들에게 과거에서 해방될 것을 권하고 있습니다. "뒤에 있는 것은 잊어버리고 앞에 있는 것을 잡으려고 푯대를 향하여 그리스도 예수 안에서 하나님이 위에서 부르신 부름의 상을 위하여 좇아가노라." 우리가 달려갈 때, 예수님만을 생각해야 되고, 주위를 둘러보지 않고 예수님만을 향해서 달려가야 하며, 예수님의 부름에 응답하여 살아야 합니다. 이렇게 할 때, 우리는 과거의 삶, 과거의 성공, 그리고 과거의 번영을 잊어버리게 됩니다.

기도 : 오 하나님, 뜻이 계셔서 우리를 불러주신 하나님, 감사와 충성으로 주님 목표삼아 전력을 다하여 달려가게 하옵소서. 예수님의 이름으로 기도합니다. 아멘.

PENTECOST 21

Pressing Forward with Jesus
Hymn: Bugle Calls Are Ringing Out, No. 402
Scripture Lesson: Philippians 3:12-14

While praying at church on October 27, 1979, God called me into the ministry. At the time I was a college professor in Korea, and I had never thought of being a pastor. I wanted to be obedient to God's will, so I gave up my twenty-year teaching job and enrolled in the School of Theology at Claremont in California. My husband and four children stayed in Korea. I received my Master of Divinity and Doctor of Ministry and was ordained in the United Methodist Church. Later, God called my husband and led him to the same seminary. He finished the Master of Divinity and the Doctor of Ministry degrees. We were the first Korean clergy couple in the United Methodist Church.

My husband and I gave up our successful secular jobs. We put aside our past life in Korea because pleasing Jesus Christ was our goal. I am very grateful for God's calling as a servant for the ministry

Paul exhorts us to be set free from our past: "Forgetting what lies behind and straining forward to what lies ahead, I press on toward the goal for the prize of the heavenly call of God in Christ Jesus." As we run, we must concentrate on Jesus, run toward Jesus without looking around, and live our life as a response to Jesus' calling. In so doing we will give up our past life, our past success, and our past prosperity.

Prayer: O God, who calls us to do your will, let us run our life's race toward the goal, Jesus Christ. In the name of Jesus, we pray. Amen.

오순절 스물두번째 주일

제　목 : 주안에서 기뻐하라
찬송가 : 169장
성　경 : 빌 4 : 4-9

오늘 본문 말씀은 사도 바울이 로마 감옥에서 고통스러운 옥살이를 하면서 빌립보 교인들에게 쓴 편지입니다. 그의 환경은 기쁘지 않았지만 사도 바울은 기쁨으로 충만했습니다. "주안에서 항상 기뻐하라. 내가 다시 말하노니 기뻐하라." 사도 바울이 고통중에서 어떻게 기뻐할 수 있었을까요? 우리가 어려운 때를 당할 때 어떻게 기뻐할 수 있을까요?

기뻐할 수 있는 한가지 방법은 감사한 마음으로 기도하는 것입니다. "아무것도 염려하지 말고 오직 모든 일에 기도와 간구로, 너희 구할 것을 감사함으로 하나님께 아뢰라"고 사도 바울은 감옥에서 말합니다. 우리가 사랑의 선물을 받으면 기뻐하고 감사한 마음이 생깁니다. 그러나 시간이 좀 지나면 그 기쁨과 감사가 사라집니다. 그러나 주안에서는 늘 기쁨이 충만하여 집니다. 주님과 함께 사는 삶은 기쁨과 감사와 평화와 사랑의 삶인 것입니다. "너희 관용을 모든 사람에게 알게 하라"고 하였습니다. "관용"은 다른 사람에게 주어버리는 힘입니다. 다른 사람이 바라는 것을 너그럽게 주어버리는 것이 관용입니다. 자기 중심적으로 생각하여 남을 판단하거나 인색하지 말고 남의 입장에서 늘 생각하면서 너그러운 마음을 전합시다. 세상 끝날이 곧 오게 됨을 마음속에 두고 너그럽고 관대한 마음을 전하여야 합니다.

"아무것도 염려하지 말고 오직 모든 일에 기도와 간구로, 너희 구할것을 감사함으로 하나님께 아뢰라"고 사도 바울은 감옥에서 말합니다. 우리가 감사의 문을 열면, 우리는 하나님의 평화속으로 들어갈 수 있습니다. 인간의 행복은 감사와 사랑의 문으로 들어와서 불평과 염려의 문으로 나갑니다. 그래서 감사의 문으로 들어가서 모든 지각에 뛰어난 하나님의 평화로 하여금 우리의 마음과 생각을 지키도록 합시다.

기도 : 기쁨을 주시는 하나님, 우리의 기도와 간구를 들으사 기쁨과 평화를 주실 줄 믿으며 예수님의 이름으로 기도합니다. 아멘.

PENTECOST 22

Rejoice in the Lord
Hymn: Joys Are Flowing Like a River, No. 169
Scripture Lesson: Philippians 4:4-9

The Apostle Paul wrote this letter to the Philippian church while he was imprisoned in Rome. Even though his circumstance was not pleasant, Paul was filled with joy: "Rejoice in the Lord always; again, I will say Rejoice!" How could Paul rejoice while suffering? How can we rejoice when we experience difficult times?

One way to rejoice is to pray with a thankful a heart. Paul tells us not to worry but to make our requests known to God with thanksgiving. When we open the door of thanksgiving, we are able to enter into God's peace. Happiness comes in through this door of thanksgiving, but goes out when we open the door of worry and complaint. So let us walk through the entrance of thanksgiving, and allow "the peace of God which surpasses all understanding" to keep our hearts and minds.

Prayer: O God, our giver of joy, we believe that you hear our requests and petitions. We believe that you can give us your joy and peace. In the name of Jesus we pray. Amen.

오순절 스물세번째 주일

*제　목 : **하나님 사랑, 이웃사랑***
찬송가 : 404장
성　경 : 마 22 : 34-40

독일의 빛나는 사상가요, 의사요, 음악 연주가요, 저술가이며 신학자인 앨버트 슈바이쳐(Albert Schweizer) 박사는 하나님을 마음과 뜻과 정성을 다하여 사랑하였습니다. 그는 스트라스부르크(Strasbourg)에서 집없는 사람과 감옥에서 석방된 자들과 함께 일하였습니다. 나중에 그는 의료선교사로 아프리카로 갔습니다. 검은 대륙의 밀림속으로 찾아가 평생토록 그리스도의 손과 발이 되였습니다. 슈바이쳐 박사는 아프리카 주민들의 영혼구원과 육신의 건강을 위하여 헌신하였습니다.

아프리카 주민들에 대한 그의 헌신은 하나님을 사랑하고 이웃을 내몸과 같이 사랑한 실례가 되였습니다. 하나님 사랑과 이웃 사랑은 그 많은 계명 가운데 첫째와 둘째 계명입니다. 성경말씀은 우리들에게 이러한 사랑을 보여줄 것을 명합니다 : "네 마음을 다하고 목숨을 다하고 뜻을 다하여 주 너희 하나님을 사랑하라 하셨으니…"

둘째 계명은 "네 이웃을 네몸과 같이 사랑하라"는 것입니다. 하나님의 보배롭고 귀한 자녀로 자신을 사랑하는 것처럼 내 이웃, 특히 가난하고 소외된 내 이웃들을 마음과 뜻과 정성을 다하여 사랑하여야 합니다.

기도 : 오 주님, 먼저 우리들을 사랑하셨음을 감사드립니다. 우리는 하나님의 형상으로 창조되였음을 압니다. 예수님의 이름으로 기도드립니다. 아멘.

PENTECOST 23

Love Your God, Love Your Neighbor
Hymn: The Love of God, No. 404
Scripture Lesson: Matthew 22:34-40

Dr. Albert Schweitzer, a German theologian, medical missionary, and musician, loved God with all his heart, soul, and mind. He worked with homeless and released prisoners in Strasbourg and later went to Africa as a medical missionary. Schweitzer devoted himself to the physical health of the African people.

Schweitzer's devotion to the African people and others was an example of his love for God. The scripture lesson commands us to exhibit this kind of love: "You shall love the Lord your God with all your heart, and with all your soul, and with all your mind. . . . You shall love your neighbor as yourself."

Prayer: O Lord, thank you for loving us first. We know that we were created in the image of God. In the name of Jesus, we pray. Amen.

오순절 스물네번째 주일

제　목 : 천국 가정
찬송가 : 495장
성　경 : 요 14 : 1-6

"너희는 마음에 근심하지 말라. 하나님을 믿으니 또 나를 믿으라. 내 아버지 집에 거할 곳이 많도다"(요 14 : 1-2). 이 말씀은 주님께서 제자들에게 주신 약속의 말씀입니다. 예수께서 앞으로 무슨 일이 일어날지를 모르는 베드로를 위로하기 위해서 이 말씀을 주셨을 것입니다(요 13 : 36). 그러나 이 약속은 제자들 뿐 아니라 모든 크리스찬들에게 하신 약속입니다.

이 세상에서 믿음으로 살다가 하나님이 부르실 때, 하나님 나라 즉 천국 가정에서 영생의 기쁨을 맛보게 됨을 우리들에게 일깨워 줍니다. 그러나 이 땅위에서 주님을 우리 가정의 주인으로 모시고 살때, 우리는 지금 여기서 천국 가정의 기쁨을 경험할 수 있습니다. 아버지집 하늘나라에 내집을 만들기에 앞서서 내 가정에 천국을 만들어야 합니다. 천국은 주님을 모시고 사는 가정, 주님의 사랑과 평안을 경험하며 사는 가정, 주님의 뜻이 하늘에서 이루어진 것같이 땅에서도 이루어지는 가정입니다. 천국 가정은 서로 대화하며 돌보는 삶입니다. 서로의 괴로움, 슬픔, 고민, 그리고 기쁨들을 이해하며 존경으로 서로 돌보는 가정입니다. 우리가 이땅 위에서 사는 동안, 하나님은 하늘나라의 기쁨과 행복이 이 땅위에서, 모든 가정에서 넘치기를 원하십니다. 하늘나라에는 길이요, 진리요, 생명이신 예수 그리스도를 통하여서만 갈 수 있습니다.

기도 : 하늘에 계신 하나님, 이 세상에서 매일 기쁨과 사랑이 넘치는 천국가정의 기쁨을 경험하게 하옵소서. 예수님의 이름으로 기도합니다. 아멘.

PENTECOST 24

The Heavenly Home
Hymn: Where Jesus Is, 'tis Heaven There, No. 495
Scripture Lesson: John 14:1-6

"Do not let your hearts be troubled. Trust in God; trust also in me. In my Father's house are many rooms (John 14:1-2, NIV)." These verses are promises Jesus gave to his disciples. Perhaps Jesus spoke these words to comfort Peter who did not understand what was going to happen to Jesus (John 13:36). However, this promise is not only for the disciples but all Christians. After we have lived in this world, Jesus wants us to realize that we have the joy of eternal life in heaven—our heavenly home.

We do not have to wait until we go to heaven to feel this joy, however, but can experience the joy of God's kingdom now. The Kingdom of God is experiencing our Lord's love and peace, and following God's will on earth as it is in heaven. Let's remember that God wants the heavenly joy and happiness to be fulfilled on this earth, while we still live in our earthly homes.

Prayer: Heavenly Father, let us experience the joys of your kingdom as we live for you each day. In the name of Jesus we pray. Amen.

추수감사절

제　목 : 범사에 감사
찬송가 : 311장
성　경 : 살전 5 : 16-18

단풍이 물들고 수확의 계절 가을이 오면, 우리는 추수감사절을 생각합니다. 그러니까, 1620년 11월 21일, 영국에서 메이훌라워(Mayflower)호를 타고 미국 땅에 첫발을 디딘 청교도들은 온갖 고난 끝에 거둔 수확을 앞에 놓고, 1621년 가을에 먼저 하나님 앞에 감사의 예배를 드렸습니다. 이 아름다운 전통은 온세계에 번져 나가서 오늘날 우리들은 매년 11월에 추수감사절을 지킵니다. 감사의 계절에 우리는 하나님 뿐만 아니라 사랑을 베풀어준 모든 부모님, 배우자, 친한 친구들, 이웃, 그리고 그리스도 형제 자매들에게 감사를 표합니다. 그러나 감사를 표하기 위해 우리는 추수감사절까지 기다릴 필요가 없습니다. 우리는 날마다의 삶속에서 감사할 일이 너무나 많습니다. 은혜받은 믿음의 사람은 늘 감사가 따릅니다. 예를들면, 결혼생활에 있어서 배우자의 사랑의 헌신에 대해서 생각할 때, 우리는 감사할 수 있습니다. 참으로 행복한 결혼 생활은 서로의 사랑과 보살핌에 대하여서 느끼는 감사를 구체적으로 말과 행동으로 표현할 때, 더욱 성숙한 행복한 삶을 살 수 있습니다. 기쁨과 감사의 삶에는 늘 쉬지않는 기도가 기초가 됩니다. 기도의 응답을 확신하고 믿음으로 기도할 것이요, 응답받았을 때 그리스도의 선물임을 깨닫고 감사드리고, 끊임없는 기도로 주님과의 영적 사귐을 가져야 합니다.

추수감사절에, 그리고 날마다, 우리는 축복에 대한 감사를 보여주어야 합니다. "항상 기뻐하라, 쉬지말고 기도하라, 범사에 감사하라, 이는 그리스도 예수 안에서 너희를 향하신 하나님의 뜻이니라"(살전 5 : 16)고 하였습니다.

기도 : 기쁨과 사랑, 감사의 마음을 늘 주심을 감사하며 예수님의 이름으로 기도드립니다. 아멘.

THANKSGIVING

Thanksgiving for Everything
Hymn: Sing to the Lord of Harvest, No. 311
Scripture Lesson: I Thessalonians 5:16-18

The pilgrims' celebration of the first Thanksgiving, in the autumn of 1621, was a time of giving thanks to God for their harvest. This beautiful tradition spread throughout the world, and today we observe Thanksgiving each November. During the Thanksgiving season, we should express our gratitude to God, our parents, spouses, intimate friends, neighbors, and brother and sisters in Christ.

However, we do not have to wait until the Thanksgiving season to express gratitude. There are so many things we can be thankful for in our daily life. For example, when we think about our spouse's commitment to us, we can be thankful.

On Thanksgiving and every day, we should show our appreciation of the Lord's blessings. "Be joyful, always, pray continually, give thanks in all circumstances, for this is God's will for you in Christ Jesus" (I Thess. 5: 16, NIV).

Prayer: We give thanks to God for your joy and love. In the name of Jesus, we pray. Amen.

저자소개

이책의 저자요, 편집자인 오혜식 목사는 테네시주에 있는 내쉬빌한인교회의 교육목사이다. 1989년에서 1993년까지는 내쉬빌에 있는 연합감리교 출판국의 교회학교 교재를 위한 한국어 편집자였다. 오목사와 남편 이준영 목사는 1983년 9월18일에 남가주에서 플라센치아 연합감리교회를 함께 개척하여 6년간 목회하였다.

고등학교와 대학교에서 20년간 영어를 가르쳤던 오목사는 가주-태평양 연회의 정회원 목사이다. 한국, 서울에 있는 연세대학교에서 문학학사와 석사학위, 미국 남가주에 있는 Claremont 신학대학원에서 신학석사와 목회학박사 학위를 받았다.

슬하에 전부 결혼한 4남매, 선경, 원경, 인경, 그리고 윤경이 있다.

박승호 목사는 Ohio주 Dayton에 있는 연합신학대학원의 조직신학 교수이다. 1987년부터 1992년까지는 남가주에 있는 Claremont 신학대학원에서 조직신학을 가르쳤다. 한국, 서울에 있는 감리교 신학대학에서 학사학위, Colorado주 Denver에 있는 Iliff 신학대학원에서 신학석사학위, Claremont 신학대학원에서 문학석사, 그리고 Berkely에 있는 Theological Union 대학원에서 조직 신학 박사학위를 받았다.

가주-네바다 연회의 정회원 목사인 박목사는 명선옥과 결혼하여 슬하에 두 아들, Amos와 Thomas가 있다.

조인규 목사는 가주-태평양 연회 Santa Barbara District의 감리사이다. San Gabriel UMC에서 부목사로, Orange UMC와 Long Beach UMC에서 담임목사로 봉사하였다.

Brandon Cho목사는 Korean American Transgeneration Ministry를 창설하여 초대회장을 역임하였다. Hawaii에 있는 Loa 대학에서 문학학사 학위, Claremont 신학대학원에서 신학석사와 목회학 박사 학위를 받았다.

가주-태평양 연회의 정회원 목사인 조목사는 아내 Jenny와 외아들 Timothy가 있다.

이경식 목사는 Iowa주에 있는 Westmar College에서 종교학으로 문학학사 학위와 Yale 대학에서 신학석사 학위를 받았다. Arizona주 Temple에 있는 Arizona State University에서 목회상담 심리학으로 박사학위 과정에 있으면서 논문의 마지막 단계에 있다.

가주-대평양 연회의 성회원 목사인 이 목사는 Sonya와 결혼하여 슬하에 아들 한슬과 딸 어진을 두고 있다.

About the Writers

Reverend Dr. Heisik Oh, a writer as well as the Korean editor for this book, is an Education Pastor at Nashville Korean United Methodist Church in Tennessee. From 1989-1993 she was the Korean Editor for the Church School Publications Division of The United Methodist Publishing House also in Nashville. Prior to that she and her husband, Reverend Dr. Joon Young Lee, established Placentia Korean United Methodist Church in California and had a ministry there for six years.

Reverend Oh, a former high school and college English teacher, is a full member of California-Pacific Annual Conference. She holds degrees from Yonsei University (Bachelor of Arts and a Master of Arts in English Education) and School of Theology at Claremont (Master of Divinity and a Doctor of Ministry).

Reverend Oh and her husband have four children: Sunkyung, Wonkyung, Inkyung, and Yoonkyung.

Reverend Dr. Andrew S. Park is a professor of Systematic Theology at United Theological Seminary in Dayton, Ohio. From 1987-1992 he taught at the School of Theology at Claremont in California. He holds several degrees: a Bachelor of Theology from Seoul Methodist Seminary, in Seoul, Korea; a Master of Divinity from Iliff Seminary in Denver, Colorado; a Master of Arts from the School of Theology at Claremont; and a Ph.D. in Systematic Theology from Graduate Theological Union in Berkeley, California.

Reverend Park, who is a member of the California-Nevada Annual Conference, is married to Sun Ok Jane Myung. They have two sons, Amos and Thomas.

Reverend Dr. Brandon Cho is superintendent of the Santa Barbara District, California-Pacific Annual Conference. He has served in a pastoral capacity at San Gabriel United Methodist Church (associate), Orange United Methodist Church, and North Long Beach United Methodist Church.

Reverend Cho was a founder and the first chairperson of Korean American Transgeneration Ministry. He received his Bachelor of Arts degree from Loa College in Hawaii, his Master of Divinity degree and Doctor of Ministry degree from the School of Theology at Claremont in California.

He is a member of the California-Pacific Annual Conference. He and his wife, Jenny have one son, Timothy.

Rev. Kyungsik Samuel Lee is a pastor of the English Ministry at Los Angeles Korean United Methodist Church. He is also adjunct faculty at the School of Theology in Claremont, California. From 1983-1986 he was pastor of Holbrook United Methodist Church, and prior to that he was a youth pastor at Scottsdale United Methodist Church.

Reverend Lee received his Bachelor of Arts degree in Religious Studies from Westmar College in Iowa and a Master of Divinity from Yale University. He is a Ph.D candidate in the area of Pastoral Counseling and Psychology at Arizona State University in Temple, Arizona. He is a full member of the California-Pacific Annual Conference and is married to Sonya. They have one son, Hansel, and one daughter, Aujean.